KB123495

# 주역으로 읽는
# 도덕경

김진희

보고사
BOGOSA

# 1부

# 『도덕경』을 읽기 위한 준비

# Ⅰ. 노자老子와 『도덕경道德經』 소개

## 1. 老子는 누구인가

『사기史記: 노자한비열전老子韓非列傳』에 의하면 노자의 성씨는 이李, 이름도 이耳, 자字는 담聃이다. 일설에는 자는 백양伯陽, 시호諡號가 담聃이라고 한다.

출생지는 중국 초고현楚苦縣 여향厲鄕 곡인리曲仁里(현재 하남성河南省 녹읍현鹿邑縣)으로 돼 있다.

생존 시기는 정확하지 않으나 공자가 노자에게 예禮에 관하여 물어봤으며, 160여 살 혹은 200여 살을 살았다는 기록이 있다.

그런데 공자가 기원전 551년에서 479년까지 생존한 점을 고려하면 공자보다 나이가 많을 것이고, 또 오래 살았으므로 공자와 생존시기가 상당부분 일치하는 것으로 추정할 수 있다.

1930년대 이후 잠시 노자는 공자보다 후대의 사람이라는 설이 돌았으나, 최근 전문가들은 고증을 통해 기원전 570년쯤 출생했다고 밝히고 있다.

노자는 주周나라 때 오늘날 도서관 사서司書에 해당하는 관리인 수장지리守藏之吏를 지낸 것으로 전하고 있다.

## 2. 『도덕경』은 어떤 책인가

### 1) 노자가 『도덕경』을 쓰게 된 일화

주나라 왕실 도서관 관리를 하던 노자는 주나라가 쇠락하면서 사회가 혼란스러워지는 것을 보고 속세를 떠나 은둔하려고 했다. 그래서 노자가 관문關門(함곡관函谷關 혹은 산관散關)을 나가려는 데, 관문을 지키는 관윤關尹[1]이라는 사람이 노자의 실력을 알아보고 글을 남겨주기를 간청하므로 『도덕경』 5천여 자를 썼다고 한다.

『사기』는 관윤을 노자의 제자로 기록하고 있다.

### 2) 『도덕경』이란 이름의 유래

현재 일반적으로 통용되는 『도덕경』 81장중에서 상편上篇의 제1장 첫 머리에는 "도가도道可道 비상도非常道"라는 말이 나온다. 그리고 하편의 첫 장인 제38장에는 "상덕부덕上德不德 시이유덕是以有德"이란 대목이 있다.

이렇게 상편 제1장에 처음 나오는 '도'와 하편에 처음 나오는 '덕'을 합하여 책이름을 『도덕경』이라고 부르게 된 것이다.

『도덕경』은 또 저자의 이름을 따서 『노자』라고 부르기도 하며, 『노자도덕경』이라고도 하는 경우도 있다.

---

1 관윤關尹 : 본명은 관윤희關尹喜, 자는 공도公度, 『장자: 외편: 천하天下』에서는 "관윤과 노자는 고대의 넓고 큰 위인(關尹·老聃乎 古之博大眞人哉)"이라고 평가함. 또 『장자: 외편: 달생達生』에는 열자列子에게 '순기純氣를 지킬 것'을 가르치고, 『여씨춘추呂氏春秋: 심기편審己篇』에는 열자에게 활쏘는 법을 가르치는 이야기가 실려 있음. 『한서: 예문지』에는 도가서道家書로 『관윤자』 9편을 저록하고 있으나 전해지지 않음. 『관윤자』 1편으로 된 것이 있으나 위서僞書라고 함.

### 3) 『도덕경』의 판본과 구성

#### (1) 『도덕경』의 판본

『도덕경』은 5천200여 자에 불과하지만 지어진 시기가 오래된 데다 워낙 널리 퍼져 전해왔기 때문에 그것의 판본 사정은 아주 복잡하다.

현재 『도덕경』은 출판물 또는 필사본으로 전해오는 전세본傳世本과 지하출토본으로 구분할 수 있다.

이 가운데 지하출토본은 다시 1973년 12월 중국 장사長沙 마왕퇴馬王堆 한묘漢墓에서 발견된 『마왕퇴백서본馬王堆帛書本』과 1993년 10월 중국 호북湖北 형문시荊門市 곽점郭店 초묘楚墓에서 발견된 『곽점초묘죽간본郭店楚墓竹簡本』이 있다.

그런데 전세본과 지하출토본은 편과 장의 배치 순서나 내용의 분량 등이 서로 차이가 있다. 또 본문의 글자가 다른 경우도 있다. 출토본은 내용이 완벽하지 못하거나 부분적인 면이 있지만 전세본과 대조해 오자와 탈자, 그리고 불필요하게 끼어든 내용 등을 바로잡을 수 있는 가치가 있다.

#### (2) 전세본의 구성

현재 일반적으로 통용되는 전세본의 판본은 중국 삼국시대 위魏나라 말기에서 진晉나라 초기까지 생존한 왕필王弼이 주注를 단 『노자주老子注』를 들 수 있다.

현재 통행본인 『도덕경』은 제1장부터 제37장까지 상편 37개 장과 제38장부터 제81장까지 하편 44개 장으로 구성돼 있다.

### 4) 『도덕경』의 내용

『도덕경』과 주역周易의 본경인 『역경易經』을 비교해보면 몇 가지 주목할 대목을 발견하게 된다.

우선 『도덕경』은 편제에 있어서 『역경』이 전체 64괘를 상편 30괘와 하편 34괘로 구분한 것과 상당히 닮았다는 것이다.

뿐만 아니라 『역경』이 상편에서는 자연의 이치인 천도天道를, 하편에서는 인륜도덕의 인도人道를 말하고 있다. 『도덕경』 역시 상편에서는 '도'를, 하편에서는 '덕'을 다루고 있다.

이것은 『도덕경』이 『역경』을 바탕으로 하여 천지자연의 운행질서와 인간사를 풀어가려는 의도를 가진 것으로 볼 수 있게 하는 부분이다.

실제로 『도덕경』은 천지자연의 본래 모습과, 우주만물의 생성과정 및 운행규율을 중점적으로 언급하고, 이를 토대로 인생론과 정치론을 전개하고 있다.

다만 유학儒學의 색채가 강한 '유가역학儒家易學'이 현실의 인간사를 중심 대상으로 하는 데 비해, 『도덕경』은 천지자연에 중점을 두어 말하고 있다는 것이다.

## Ⅱ. 『도덕경』이 지어진 시대 상황

『도덕경』을 읽기 위해서는 먼저 이 책을 쓴 노자가 살았던 시대 상황을 알아볼 필요가 있다. 그래야만 그가 사람들에게 말하고자 하는 요지가 어떤 것인지를 가장 근접하게 이해할 수 있기 때문이다.

노자는 춘추시대 말기에 살았던 것으로 전해지고 있다. 그렇다면 춘추시대는 언제쯤이고, 그 시절에는 무슨 일이 일어났을까? 그런데 춘추시대를 알려면 그 이전의 흐름을 어느 정도는 이해해야만 된다. 춘추시대의 상황은 이전의 역사로 말미암아 출현한 것이기 때문이다.

비단 『도덕경』의 이해를 위해서뿐만 아니라 중국 고전을 읽으려면 적어도 중국 고대 역사에 대한 개략적 이해가 필요하다. 왜냐하면 중국의 고전에는 고대사와 관련된 내용이 많기 때문이다. 특히 고대사 중에는 실증된 역사적 사실뿐만 아니라 신화와 전설적인 인물에 관한 것도 적지 않다. 예를 들면 『주역周易』의 팔괘八卦를 지었다는 복희伏羲는 전설상의 삼황三皇에 나오는 인물이다. 동양의학의 고전인 『황제내경』을 지은 황제黃帝 역시 오제五帝의 한 사람이다.

그래서 세상을 처음 열었다는 반고盤古 신화에서부터 삼황오제와 하나라·상나라·주나라, 그리고 춘추전국시대까지의 왕조와 관련 인물에 대해 골자를 정리해본다.

# 1. 반고盤古와 삼황오제三皇五帝

## 1) 천지를 창조한 반고

『술이기述異記』[1]·『삼오력기三五歷記』[2] 등의 기록에 의하면 천지가 아직 혼돈 상태일 때 반고가 알에서 태어나 그 몸이 자라면서 하늘과 땅 사이를 벌려서 처음으로 세상을 열었다고 한다. 그리고 반고가 죽은 뒤에 그의 몸이 해와 달과 만물이 되었다. 천지창조의 거인신巨人神 혹은 혼둔씨混沌氏로 불린다.

## 2) 삼황三皇

천지가 열린 다음에 3명의 제왕이 등장한다. 그런데 이 삼황의 구성원에 대해서는 몇 가지 다른 기록이 있다.

『사기: 진시황본기』는 천황天皇·지황地皇·인황人皇을 삼황이라고 하고, 『여씨춘추呂氏春秋』는 복희伏羲·신농神農·여와媧를 거명하고 있다. 『주례周禮』는 복희·신농·황제를 삼황이라고 하고, 『백호통의白虎通義』는 복희伏羲·신농神農·수인씨燧人(혹은 축융祝融)를 들고 있다.

### (1) 복희

삼황 가운데 최고로 꼽히는 복희는 사람의 머리에 뱀 같은 몸을 가지고 해와 달처럼 큰 덕을 베풀었다고 한다. 『주역』「계사전」에는 복

---

1 『술이기述異記』: 중국 양梁나라 임방任昉이 펴낸 지리박물지 성격의 소설로, 신과 인물들의 일화, 동식물 및 사물에 대한 정보, 지리 및 기상현상에 대한 정보 등을 기록하고 있음.

2 『삼오력기三五歷記』: 삼국시대 오吳나라 서정徐整이 펴낸 책으로, 신화에 관한 내용을 담고 있음.

희가 팔괘를 처음 만들어 신명神明의 덕德에 통하고, 만물의 상象을 분류했으며, 그물을 만들어 어획과 수렵의 방법을 가르쳤다고 기록하고 있다.

또 복희는 아내인 여와와 함께 혼인제도를 정했다고도 한다.

### (2) 신농

복희 다음에 신농이 나왔다. 『주역』「계사전」은 신농이 나무를 깎아서 쟁기와 호미를 만들어 농사짓는 법을 가르치고, 시장을 열어 물건을 교역하게 했다고 전한다. 『제왕세기帝王世紀』[3] 등 다른 기록에는 여러 약초를 찾아 병을 고쳤고, 오현금五絃琴을 만들고, 주역점법을 고안했다는 내용도 있다.

본명이 염제炎帝인 신농은 얼굴은 소와 같고, 몸은 사람처럼 생겨서 우두인신牛頭人神으로 불린다.

### (3) 여와

여와는 처음 진흙으로 사람의 형상을 빚은 다음 입김을 불어넣어 사람을 만들었다. 여와가 창조한 사람은 생명이 유한하여 결국은 죽게 돼 있다. 여와는 사람을 무한히 만들어내기가 귀찮아지자 남녀가 혼인하여 자식을 번식시키도록 했다. 그래서 중국인들은 여와가 인류 최초로 결혼제도를 만든 신으로 여기고 있다.

여와 대신 나오는 수인은 나무를 마찰하여 불을 얻어 음식 만드는 법을 가르친 것으로 알려지고 있다.

---

3 『제왕세기』: 동한東漢의 황보밀皇甫謐이 편찬한 역사책으로, 삼황오제부터 동한까지의 황제들의 가계를 정리함.

### 3) 오제五帝

사마천이 쓴『사기』에는 삼황 이전의 이야기는 없으며「오제본기五帝本紀」를 기록하고 있다. 오제는 황제헌원黃帝軒轅·전욱고양顓頊高陽·제곡고신帝嚳高辛·제요방훈帝堯放勳·제순중화帝舜重華를 말한다.

오제가 누구누구인가에 대한 설도 다양하다.『예기禮記』는 태호太昊(복희)·염제(신농)·황제·소호·전욱을 꼽고, 공안국孔安國[4]은『상서』서문에서 소호少昊·전욱·고신(제곡)·당요唐堯·우순虞舜을 들고 있다.

#### (1) 황제

황제는 소전少典의 아들로 성은 공손씨公孫氏이고, 이름은 헌원軒轅이라고 한다. 황제는 동쪽의 염제炎帝을 물리치고, 탁록에서 구려족九黎族의 수장인 치우蚩尤와 싸워 승리함으로써 황하 유역에서 처음으로 통일국가를 세운 중화민족의 시조로 인식된다.

『주역』「계사전」은 신농이 죽은 다음에 황제가 나왔다고 한다.

황제는 배를 건조해 황하의 수로를 이용하고, 우마차와 화살을 만들었다. 또 목조건물을 지어 가옥생활을 하고, 가축사육과 오곡의 재배를 가르치는 등 많은 기술을 개발했다. 또 사관인 창힐倉頡을 시켜 문자를 만들었다.

황제의 치적 중에는 무엇보다 문물제도의 정비를 들 수 있다. 농업에서 가장 중요한 계절기후의 변화와 파종시기를 알기 위해 천체의

---

4 공안국 : 중국 전한前漢의 고문古文 학자로 자는 자국子國, 산동성山東省 곡부曲阜 출생, 공자의 11대 후손으로 박사博士·간대부諫大夫·임회臨淮 태수를 지냄. 노魯나라 공왕共王이 공자의 옛 집을 헐었을 때 과두문자蝌蚪文字로 된『고문상서』·『예기』·『논어』·『효경』등이 나왔는데, 누구도 이 글을 읽지 못했으나 공안국이 금문今文과 대조하며 고증하여 해독하고 주석을 붙였다고 함. 여기서 고문학古文學이 비롯된 것으로 전함.

운행규칙을 규명하여 천문역법을 제정했다. 양잠을 통해 비단을 짜는 법을 창안하고, 악기와 음률을 만든 것으로 알려진다. 또 한의학 경전인 『황제내경』도 황제가 썼다고 전해지고 있다. 이밖에도 거울·60갑자 등을 만들어 문명을 일군 군주로 숭배되고 있다.

### (2) 전욱

황제의 손자로 전해지는 전욱은 현재의 하북성河北省 보정시保定市에 해당하는 고양高陽에 나라를 세워서 고양씨라고도 부른다.

전욱은 하늘과 땅이 서로 통하지 못하도록 '절지천통絕地天通'의 조치를 한 제왕으로 전한다.

『상서尙書: 주서周書: 여형呂刑』과 『국어: 초어楚語』에 의하면 구려九黎가 반란을 일으켜 질서가 문란해지자 민간의 아무 집에서나 함부로 신을 모셨다. 이렇게 신과 사람의 구분이 흐려지면서 재난이 연달아 일어나자 전욱은 남쪽을 다스리는 남정南正 중重에게 하늘을 맡아 신을 모으게 하고, 불을 다스리는 화정火正 여黎에게는 땅을 맡아 사람을 모으게 했다. 그리하여 옛날처럼 신과 사람의 구분이 명확해졌다고 한다.

### (3) 제곡

제곡은 황제의 증손자로 신辛 땅에 봉해져서 고신高辛이라고도 한다.

『사기』는 제곡이 태어날 때부터 자기 이름을 말할 정도로 명석한 인물로 기록하고 있다.

### (4) 요

오제의 4번째인 요는 제곡의 아들로 이름은 방훈放勳이다. 도당陶唐 혹은 당요唐堯라고 부르기도 한다.

그가 제왕의 자리를 물려준 순과 함께 중국에서 가장 이상적인 천자의 모습을 보여준 것으로 전해온다.

요의 사적事績은 『상서: 요전』과 『사기: 오제본기』 등에 기록되어있다.

요는 희羲와 화和에게 명하여 해와 달과 별의 운행을 관찰하여 역법을 만들었다. 그는 이때 벌써 1년에 366일이 있고, 윤달이 있어 사시사철이 일 년을 이루게 됨을 알았다.

요는 덕망 있는 현신을 초빙하여 국정을 보좌토록하고, 널리 백성들의 의견을 구해 선정을 폈다. 또 스스로 검소하고 공정했다. 무엇보다 왕위를 자신의 아들에게 물려주지 않고 덕망이 높은 순을 찾아 선양한 것은 이상적 정치의 귀감이라고 할 수 있다.

105세까지 살며 70년간 재위한 것으로 전한다.

### (5) 순

순은 전욱의 6대 손으로 성을 우虞라하고, 이름은 중화重華라고 한다. 보통 우순虞舜으로 불린다.

순은 효행으로 제위를 물려받았다. 순의 아버지는 장님이었으며, 어렸을 때 어머니가 죽어 계모와 살았다. 계모와 이복동생 등 가족들은 순에게 모진 악행을 저질렀지만 순은 이를 감내하고 부모에게 효도하고, 이복동생들에게도 우애 있게 지냈다고 한다. 이 소문을 들은 요는 자신의 두 딸을 시집보내 순을 사위로 삼았다.

순은 50년간 재위하면서 도량형을 표준화하고 관개사업을 잘 폈으며, 천하를 12개 구역으로 나누어 다스렸다.

순 역시 왕위를 자신의 아들 상균商均에게 물려주지 않고 치수사업에 공이 큰 우禹에게 물려주었다.

요순시대에는 훌륭한 정치가 이루어져 백성들은 풍요롭고 여유로워 나라에 임금이 있는 것조차 잊고 격양가擊壤歌를 부를 정도로 태평성대였다고 알려져 있다.

## 2. 하夏·상商·주周 – 3대三代

앞에서 이야기한 반고 이후 삼황오제까지는 신화와 전설로 전해오는 중국 선사시대다. 이에 비해 하·상·주의 삼대三代는 중국에서 처음 시작되는 역사시대의 왕조를 말한다. 이 가운데 하나라는 실증할 수 있는 유물이 발견되지 않아서 학자에 따라서는 선사시대에 편입하는 경우도 있다.

하지만 공자는 『논어』의 여러 곳에서 삼대 국가의 문물제도가 잘 갖추어져있다고 강조한다. 특히 이들 3대 왕조 중에서도 주나라의 제도가 가장 뛰어나기 때문에 주나라의 것을 따르겠다고 밝히고 있다.[5]

무엇보다 노자가 『도덕경』에서 말하는 천지자연의 생성변화 규율인 '도道'는 이들 삼대 국가에서 시작된 것으로 볼 수 있다.

우주의 생성변화 원리를 밝힌 책을 역서易書라고 하는데, 하나라의 것은 『연산連山』이라 하고, 상나라의 것은 『귀장歸藏』, 주나라의 것

5 『논어: 팔일八佾』에는 공자가 "주나라는 하나라와 은나라 2대를 거울삼고 있으므로 참으로 눈부시게 아름다운 문화를 이루고 있다. 나는 주의 것을 따를 것이다.(周監於二代 郁郁乎文哉 吾從周)"라고 함.

은 『주역周易』이라고 부른다. 이 가운데 『연산連山』과 『귀장歸藏』은 실전돼 구체적 내용은 알 수 없고, 『주역周易』만 전하고 있다.

이렇게 보면 노자의 『도덕경』의 뿌리가 매우 깊고 오랜 것이라고 하지 않을 수 없다.

### 1) 하나라

하나라를 세운 사람은 우禹 임금이다. 우는 황하의 홍수를 다스리는 일에 큰 업적을 세운 공으로 순 임금으로부터 왕위를 선양받은 것으로 전하고 있다.

『사기: 하본기』와 『죽서기년竹書紀年』[6]에 하왕조에 대한 기록이 구체적으로 존재한다.

하나라는 기원전 2070년부터 기원전 1598년까지 472년간 존속했으며, 마지막 17대 걸왕桀王 때 상나라를 세운 탕왕湯王에 의해 멸망했다.

우왕은 제위를 덕이 높은 사람에게 선양하려 했으나 제후들이 자신의 아들 계啓를 추천하여 이때부터 선양제가 없어지고 상속제가 시작된 것으로 전해지고 있다.

하나라는 황하 중류의 비옥한 토지에서 농사를 짓고, 청동기를 사용하여 경제력을 키웠다. 이를 바탕으로 12개 부족을 통합하고, 전국을 9개 주로 나누어 지방을 다스렸다고 한다.

하나라의 마지막 왕 걸은 궁전과 누각을 증축하고, 사치스럽고 방탕한 짓으로 포악무도한 정치를 일삼다가 민심을 잃어 상商의 탕에 의해

---

6 『죽서기년竹書紀年』: 서기 279년 중국 하남성 급현汲縣에 있는 위魏의 양왕릉에서 출토됨. 죽간으로 되어 있어 '죽서기년'이라 하며, 출토된 지명을 따서 '급총기년汲冢紀年'이라고도 함.

멸망한다. 걸은 애첩 말희妹喜를 기쁘게 해주려고 백성들을 동원해 주지육림酒池肉林을 세웠을 정도라고 하니 폭정의 도를 알만하다.

## 2) 상나라

상나라를 건립한 사람은 탕왕湯王이다. 상나라는 기원전 1600년부터 기원전 1046년까지 550여 년간 31왕을 거쳤다.

탕은 현인 이윤伊尹[7]의 보좌를 받아 하나라 폭군 걸을 무너뜨리고 제후들의 추대로 왕이 됐다.

상나라는 처음에 박亳 땅에 도읍을 정했으나 19대 왕인 반경盤庚이 쇠퇴하는 국력을 회복하기 위해 기원전 1300년경 은殷 지역으로 수도를 옮겼다. 이후로 상나라를 은나라로 부르는 경우가 생겼다.

상나라는 31대 마지막 주왕紂王의 폭정과 실정으로 주나라 무왕武王에 의해 막을 내렸다. 주왕은 하나라 걸왕처럼 애첩 달기妲己에 빠져 충신을 잔혹하게 살해하고 백성을 핍박하다 나라를 망쳤다.

상나라 사람들은 거북등껍질이나 소뼈를 불에 구워서 갈라지는 조짐을 보고 나라의 중대사를 결정했다. 이들은 이렇게 점을 치고 나서 점을 친 사람의 이름·점친 내용·점의 결과를 갑골에 새겼다. 이것이 갑골문이다.

상나라 역시 처음에는 하나라처럼 실존한 나라가 아닌 전설상의 역사로 여겨졌으나 은허殷墟에서 갑골 등 유물이 대량 출토되어 그 존재가 사실로 드러났다. 『사기』는 상나라 역대 왕들의 이름과 계보 등을 적고 있는데, 은허에서 출토된 갑골문과 내용이 대체로 일치하고

---

7 이윤 : 상나라 초기 사람으로 생몰연대는 미상, 본래 노예였으나 탕왕의 인정을 받아 등용되어 하나라를 멸하고 상나라를 세우는데 큰 공을 세워 상나라 재상이 됨. 후세 명재상으로 인식됨.

있다.

은허는 중국 하남성河南省 안양현安陽縣 소둔촌小屯村에 있는 상나라 후반기 수도의 유적이다. 이곳은 이미 기원전 3세기쯤인 진나라 때부터 역사서에 언급되고 있으며, 금석학이 유행한 송원宋元시대에는 청동기들이 자주 발견돼 학자들의 관심을 모았다. 1899년 청나라 말기에는 한 금석학자가 갑골문이 새겨진 비문이 상나라 문자임을 밝혀냈다. 이어서 많은 학자들의 연구에 의해 안양현 소둔촌이 중국 고전에 나타나는 '은허'라는 사실이 확인됐다. 이후 1928년부터 발굴이 시작돼 수십여 차례 발굴이 진행됐으나 방대한 유적의 조사는 끝나지 않았다.

은허의 유물 가운데 갑골문은 천문우주와 관련한 당시의 인식수준을 읽을 수 있는 좋은 자료이다. 갑골문에는 상나라 23대 왕인 무정武丁(기원전 1250-1192)에서부터 31대 마지막 왕인 주왕紂王까지 간지로 날짜를 기록(기일紀日)한 흔적이 보인다. 또 일식과 월식의 내용이 적지 않게 보이며, 바람과 구름, 천둥과 번개, 비와 눈, 무지개와 안개, 춘하추동의 사계에 관한 기록도 보이고 있다. 특히 간지 기일뿐 아니라 60일을 1주기로 삼아 1년을 큰 달과 작은 달로 나누고 평년과 윤년을 구분하였다. 이는 달이 지구를 한 바퀴 도는 시간을 한 달로 정하고, 지구가 태양을 한 바퀴 도는 1년에 12달을 채워서 역법曆法을 만든 것이다.

### 3) 주나라

상나라 폭군 주왕을 몰아내고 주나라를 세운 사람은 무왕武王이다. 수도를 호경鎬京(현재 섬서성陝西省 서안西安 부근)으로 옮긴 주나라는 기원전 1046년부터 기원전 221년 진秦나라 시황제에 의해 멸망하기까지 존속했다.

무왕이 상나라를 멸하고 천하를 차지하도록 기반을 닦은 사람은 무왕의 아버지 문왕文王이다. 문왕은 희창姬昌으로 역사서에서는 서백西伯으로 기록하고 있다.

문왕은 상나라 주왕에 의해 핍박을 받아 유리羑里에 유폐됐을 때 복희가 지은 팔괘를 64괘로 연역하고 괘에 풀이글을 달은 것으로 전해지고 있다. 즉 주역인 『역경』 64괘와 괘사를 지었다는 것이다. 또 문왕의 아들인 주공周公 단旦은 조카인 성왕成王을 대신하여 7년간 섭정하면서 주나라의 예악제도를 완성하였고, 일설에는 『역경』의 효사를 썼다고 한다. 공자가 하나라와 상나라에 이어서 예제를 완비한 주나라의 것을 따르겠다고 할 만큼 주나라의 문물제도가 잘 갖춰진 것은 주공의 공이라고 할 수 있다.

주나라는 처음 천하를 통일한 뒤 종법宗法을 바탕으로 봉건제를 실시해 나라를 다스렸으나 시간이 흐르면서 예제와 기강이 무너져 말기 현상이 나타난다. 이른바 춘추전국시대가 펼쳐지고 마침내는 진나라에 의해 멸망한다.

## 3. 주나라와 종법宗法·봉건제封建制

### 1) 종법제

중국은 물론 동양에서 주나라의 문물제도는 현재까지도 영향을 미치고 있다. 주나라가 확립한 정치·사회·인륜질서를 우리는 통상 봉건제라고 말한다. 이 동양의 봉건제는 당시로서는 우수한 문물제도였

음에 틀림없다. 앞서 말한 바와 같이 공자도 주나라의 문물제도가 우수하여 이것을 따르겠다고 한 것이 이를 방증하는 것이다.

하지만 시간이 흐르고 사회가 변화하면서 봉건제는 많은 단점이 노출될 수밖에 없었다. 오늘날 낡고 현실에 불합리한 정치·사회·인륜 질서를 우리는 보통 봉건잔재라고 지적한다. 봉건잔재라고 비판받는 것 중에는 대표적으로 관존민비, 남존여비를 들 수 있다. 불평등의 대명사이다.

그렇다면 이렇게 불합리한 잔재들은 어디에서부터 근원하는가? 바로 종법에서 찾을 수 있다. 물론 노자로부터 시작되는 도가사상이나 공자에서 출발하는 유가사상은 모두 이 종법을 근간으로 한 봉건제의 붕괴로부터 발생하는 정치사회 문제에 대한 대응으로 출현한 것이라는 게 학계의 일반적 견해다.

중원의 상나라를 멸망시키고 천하를 차지하기 전까지의 주나라는 중국의 서쪽에 자리한 작은 혈연 중심의 씨족 내지는 부족국가에 불과했다. 그래서 천하통일 전의 주나라를 소방국小邦國이라고 불렀다.

이 소방국은 나라도 작고, 백성도 적어서 종족이 모여서 자급자족하는 폐쇄적 농업사회였다. 이런 사회는 자연질서에 순응하고 혈연관계로 유대를 맺는 원시종법제도를 특성으로 할 수밖에 없다. 그래야만 순조로운 생산과 안정된 발전을 유지할 수 있기 때문이다.

종법은 혈연을 기초로 하는 씨족사회의 질서이자 제도이다. 종법의 특징은 첫째 천자는 대대로 세습하고, 둘째 적자가 아버지 자리를 계승하며, 셋째 부위父位를 계승한 적자는 천자가 되어 조상의 제사를 받드는 것으로 요약할 수 있다.

이렇게 나라의 최고의 자리를 이어가는 것을 '대종大宗'이라고 한다. 이 대종의 적자는 천하의 토지와 권위를 법적으로 계승하는 사람이다. 그 지위는 최고로 존엄하여 '종자宗子'라고 한다.

종자의 친형제와 서형제庶兄弟는 제후로 봉해진다. 이것이 '소종小宗'이다. 소종인 제후도 적장자가 그 부위를 계승하고, 조상의 제사를 받든다. 소종의 적장자는 제후국의 대종이 되는 것이다. 제후가 받는 토지는 봉지封地라고 한다.

제후의 동생은 제후국의 경대부卿大夫에 임명된다. 즉 제후의 형제는 제후국에서 소종이 되는 것이다. 경대부의 자리는 적장자가 계승하고, 조상의 제사를 모신다. 경대부가 받는 토지는 '채읍采邑'이라고 한다. 경대부는 채읍에서 대종이 된다.

경대부의 형제는 '사士'가 되고 채읍의 소종이 된다. 사는 '녹전祿田'을 받았다. 사의 적장자는 역시 사가 되며, 그 나머지는 평민이 된다.

평민 또한 큰 아들이 대종을 이어가고 형제는 소종이 되는 것이다.

정리하면 천자가 되는 대종은 적장자로 대를 이어 천자를 세습한다. 대종에서 갈려나온 소종은 적장자로 소종의 대종을 이어간다. 이렇게 적장자 중심으로 내려가다 보면, 천자-제후-경대부-사-평민의 조직질서가 성립된다. 이 질서는 세습되기 때문에 신분은 타고 나는 것이 된다.

### 2) 봉건제

봉건제는 종법을 기초로 하여 천자, 제후, 경대부, 사의 관직을 배분하는 것이다. 소방국이던 주나라는 천하를 차지한 뒤에 이런 혈연씨족 중심의 종법을 광활해진 영토를 다스리는 정치·사회·윤리제도로 확대했다.

그러므로 종법과 봉건은 불가분의 관계를 가지고 있는 것이다. 이런 봉건제는 적장자로 하여금 토지와 관직을 세습하도록 하기 때문에 '세경세록제世卿世祿制'라고 한다.

주나라의 봉건제는 천자로부터 아래로 사에 이르기까지 아래는 위에 대해 ①공물을 바치고, ②정벌과 호위를 담당하며, ③알현하여 업무상황을 보고하고, ④사람을 보내 요역을 담당하는 의무를 진다.

종법봉건제는 당시 각 지역의 경제적 내왕이 비교적 적고, 정치 경제 및 사회생산력의 발전이 형평하지 못한 상황에서는 적절한 것일 수 있다.

하지만 주나라의 종법봉건제를 자세히 들여다보면 관존민비와 큰아들 중심에서 파생하는 서얼의 차별, 남성 중심의 남존여비 등의 불평등요소들이 적지 않다는 것을 알 수 있다.

## 4. 봉건제의 붕괴와 춘추전국시대

### 1) 춘추시대와 전국시대의 구분

#### (1) 서주西周와 동주東周

주 무왕이 상을 무너뜨리고 천하를 차지한 뒤 도읍을 호경에 정한 이후 주나라는 정치와 사회는 안정되고 백성들도 평안을 누리며 태평성대를 이어간다.

하지만 시간이 갈수록 천자는 물론 제후와 경대부 등 지도층은 초심에서 멀어지고 정치는 쇠퇴하기 시작한다. 이에 따라 통치집단 내부의 모순이 깊어지고 내란에 천재까지 겹쳐 일어난다. 급기야는 12대 유왕幽王 때에 이르러 서쪽 이민족인 견융犬戎의 침략을 받아 여산

驪山아래서 유왕이 참살된다. 이때가 기원전 770년이다.

역사는 주나가 천하를 통일한 기원전 1046년부터 기원전 770년까지 276년간을 서주西周라고 부른다.

그리고 유왕의 태자 의구宜臼가 왕위에 올라 13대 평왕平王이 된다. 평왕은 수도 호경이 전란으로 파괴되고, 견융의 침략이 잦아지자 도읍을 동쪽 낙양洛陽으로 옮긴다. 이렇게 주의 도읍을 동쪽으로 천도한 이후를 동주東周라고 한다. 동주는 37대 난왕赧王 때 제후국인 진秦에 의해 멸망한다. 동주시대는 진나라가 천하를 통일한 기원전 221년까지 549년에 이른다.

### (2) 춘추시대와 전국시대

동주는 다시 춘추시대와 전국시대로 구분한다. 춘추시대는 주나라가 낙양으로 천도한 이후부터 진晉나라 대부인 한韓·위魏·조趙 3씨가 기원전 403년 진나라를 분할하여 각각 제후로 독립할 때까지 367년간을 말한다.

춘추시대라는 명칭은 공자가 노魯나라 은공隱公(기원전 772년)부터 애공哀公(기원전 481년)까지의 노나라 역사를 기록한 『춘추』에서 비롯됐다고 한다.

전국시대는 춘추 이후 진나라가 천하를 통일한 기원전 221년까지 182년간에 이른다. 전국시대란 이름은 한漢나라 유향劉向[8]이 쓴 『전국책戰國策』에서 유래됐다고 한다.

춘추전국시대는 진나라가 통일하기 이전의 시대라는 의미로 선진

8 유향劉向 : 한나라 고조高祖의 이복동생인 초楚 원왕元王 유교劉交의 4세손으로 재능이 뛰어난 학자. 『설원說苑』·『신서新序』·『열녀전烈女傳』·『전국책』 등을 저술함. 그의 아들 유흠劉歆은 『칠략七略』을 씀.

시대先秦時代라고도 부른다.

## 2) 춘추시대의 실상

### (1) 종법봉건제의 붕괴

#### ① 천자의 쇠락과 제후의 강성

봉건제도는 특성상 시간이 갈수록 제후가 늘어날 수밖에 없다. 주나라가 처음 천하를 통일하고 천자의 형제와 천하통일에 공을 세운 공신들에게 봉지를 주고 제후를 세운 수는 70여 국가에 불과했으나 나중에는 120여 개 이상 증가했다.

이렇게 되면 천자의 세력은 뚜렷한 성장이 없는 반면 끊임없이 진행되는 분봉으로 천자의 직할 영토인 왕기王畿와 백성은 갈수록 줄어들 수밖에 없다.

자연히 제후국은 점점 강성해지고 독립성도 증가하면서 천자와 제후간의 종법관계가 무너지게 된 것이다. 즉 천자의 제후에 대한 통솔력이 쇠락한 것이다. 주 왕실은 허명무실하게 될 수밖에 없다.

이런 종법봉건제의 붕괴현상은 동주에 이르러 더욱 심화되어 춘추시대에 이미 일부 힘 있는 제후들은 천자의 지위를 대신할 생각을 갖게 되었다. 이른바 춘추 오패[9]가 그 것이다.

#### ② 제후와 경대부의 투쟁

종법봉건제의 붕괴는 제후국 내에서도 일어났다. 무력을 담당하는

---

9 패霸는 제후국 혹은 제후 간에 맹약인 회맹會盟을 통해 맹주가 된 사람을 말하며, 패주가 된 자가 주나라 천자를 대신해 천하를 호령한다. 『순자荀子』에는 춘추오패春秋五霸로 제환공齊桓公, 진문공晉文公, 초장왕楚莊王, 오왕합려吳王闔閭, 월왕구천越王句踐을 들고 있다.

경대부들은 토지의 대량 점유와 경제력을 갖추고 실권과 무력을 장악하여 제후국의 정치를 좌지우지 하게 된다.

경대부들의 세력은 날로 팽창하여 점차 제후를 능가하여 제후를 살해하거나 내쫓고 그 자리를 대신하는 일도 잦았다. 심한 경우에는 천자의 권위마저 넘보기도 했다. 본래 경대부는 제후의 신하로서 제후의 권위에 도전할 수 없지만 제후는 물론 천자의 권위까지 공공연하게 참상僭上한 짓을 일삼았다. 공자는 노나라의 경대부인 계평자季平子가 천자의 종묘제사 때에나 하는 팔일무八佾舞를 그의 마당에서 추는 것을 보고 '이것이 용인되면 세상에 용인되지 않을 것이 없다'고 비평했다.[10]

제후와 경대부 간의 투쟁은 갈수록 격렬해져서 춘추말기에는 제齊·진晉·노魯 나라 등에서는 경대부들이 정권을 장악했다. 제후의 권위도 유명무실해진 것이다.

### ③ 사의 신분으로 진출하는 평민

종법제의 붕괴는 또 평민이 사로 진출하는 결과를 가져왔다. 토지와 권력을 세습하는 봉건제에서는 평민은 벼슬을 할 수 없다. 하지만 제후국들이 패권을 장악하기 위해 전쟁을 일삼으면서 전공을 세운 평민들에게도 토지와 주택은 물론 관리가 될 자격이 주어졌다.

또 제후와 경대부들은 정치와 군사적 투쟁에서 승리를 얻기 위해 실력 있는 자들을 경쟁적으로 초빙하면서 평민들도 공부를 하여 사에 진출하는 일이 갈수록 증가했다.

이렇게 등장한 새로운 사의 계층이 제자백가의 학을 낳는 사회적

---

10 『논어: 팔일』, "孔子謂季氏 八佾舞於庭 是可忍也 孰不可忍也"

토양을 이루게 된 것이다.

### (2) 정치·경제·사회의 변화

패권경쟁에 나선 제후들은 국력을 키우기 위해 개혁의 정치를 펴게 된다. 개혁정책은 우선 경제력의 증강에 초점이 맞춰졌다. 새로운 농법을 보급하고 수공업과 상업도 장려했다. 이에 따라 철기 사용은 물론 소를 이용한 경작방법이 확대 보급돼 농업 생산력이 크게 성장했다.

한편 민족 간의 왕래와 융합이 활발해지면서 변방의 후진국들까지 경제발전이 신속히 진행됐다. 또 산업의 발전은 종법봉건제의 붕괴를 가속화하면서 사회 각 계층의 구성관계도 변화시켰다.

이런 사회변화는 왕과 관리 등 귀족만이 전유하던 문화를 전국의 평민계층까지 확산시켰다. 예컨대 기존 귀족을 위한 공교육제도 외에 평민도 공부할 수 있는 사학의 기풍이 일어났다. 즉 새로운 사상문화의 성행을 위한 좋은 사회적 조건이 마련된 것이다.

그리하여 사상 측면에서 큰 변화의 기류가 생기기 시작한다. 천자의 신권神權에 대한 회의가 일면서 사람을 중시하고 하늘을 경시하는 원시 민주사상이 진전을 보이는 것이다. 특히 통치세력의 일부 지식인들이 각성하여 이런 개혁적 사상을 내놓게 된다.

## 3) 제자사상의 태동

춘추말기에서 전국시기로 전환되는 시점에 등장하는 이른바 제자백가의 태두인 노자·손자·공자에 앞서 이미 춘추초기부터 제자사상의 싹이 자라기 시작한다.

### (1) 춘추초기의 관중管仲

춘추초기 제齊나라 재상인 관중(?~B.C.645)은 환공을 도와 40년 집정하면서 개혁을 실행하여 환공을 패자로 만들었다. 관중의 유설遺說을 모은 책으로 전해지는 『관자』는 개혁적 정책이나 사상을 엿볼 수 있는 내용이 많다. 관중의 이런 사상은 후에 제자의 사상에 큰 영향을 미치고 있다.

관중의 정치사상은 통치자의 도덕수양을 매우 중시한다. 그는 다스리는 사람의 마음이 백성을 속이지 않으면 백성은 다스리는 자와 친하게 된다고 강조한다. 또 정치가 바르게 일어나면 민심이 순히 따르고, 바른 정치가 없어지면 민심이 거역함을 역설한다. 이는 유가의 민본사상과 일치하는 대목이다.

관중은 또 신상필벌의 법치를 주장하고, 예의염치禮義廉恥의 사유四維로 백성들을 도덕교화해야 한다고 한다. 그의 법치주의는 법가의 주장과 일맥상통하는 것이다.

특히 「목민牧民」에서는 하늘과 땅처럼 백성을 대하면 사사로움과 편애함은 있을 수 없다고 한다. 이는 노자가 말하는 "천지는 편애함이 없다."[11]는 주장과 같다. 또 노자는 "일이 생겨나기 전에 대비하고, 어지러워지기 전에 다스려야 한다."[12]고 말한다. 그런데 관중은 노자에 앞서 도가 있는 사람만이 대비할 수 있어 화가 이르지 않는다고 한다. 이처럼 관중의 사상은 후세 백가 사상의 선구로 볼만한 내용들로 이루어졌다.

---

11 『도덕경』 제5장, "天地不仁"

12 『도덕경』 제64장, "爲之於未有 治之於未亂"

### (2) 춘추중후기 자산子産·안영安嬰

#### ① 자산

정鄭나라 목공穆公의 손자인 자산(?~B.C.522)은 이름이 교僑로 흔히 정자산鄭子山으로 부른다. 당시 진晉나라와 초楚나라 사이에 낀 소국인 정나라는 생존을 위한 노력을 게을리 할 수 없는 상황이었다. 이런 때에 자산은 재상을 맡아 정치 경제 개혁을 실행한 인물로 기록되고 있다.

그가 편 정책 가운데 하층민, 지식인, 귀족의 의론을 들어서 정치에 반영하려고 한 점과 강유를 겸비한 형법을 만들어 공포한 부분은 눈여겨보지 않을 수 없는 대목이다.

그는 예는 하늘의 벼리이고 땅의 올바름이기 때문에 민의 행실이 돼야 한다고 믿고, 육기六氣와 오행五行의 자연법칙을 본떠서 법을 제정했다. 또 천도는 멀고 인도는 가깝다는 생각에 귀신이 재난을 일으킨다는 미신을 부정했다.

자연법칙이 인사의 모범이라는 그의 생각은 천도를 미루어 인사를 밝힌다는 도가와 유가의 사상의 선구가 아닐 수 없다.

#### ② 안영

제齊나라 정치가인 안영(?~B.C.500)은 재상이 된 뒤에도 옷 한 벌을 30년이나 입을 정도로 검소했다고 한다. 또 제나라 장공莊公이 신하인 최저崔杼에게 살해당했을 때 두려워하지 않고 곡을 하며 조문을 할 만큼 신하의 도리를 다했다고 『사기』는 전하고 있다.

안영은 윗사람이 귀머거리가 아니어야 아랫사람이 벙어리가 되지 않는다며 하층민의 의견 청취를 강조했다.

무엇보다 안영의 화和와 동同의 관계에 대한 견해를 주목할 수 있다. 그는 화와 동의 차이에 대한 설명을 음식의 다섯 가지 맛과 금슬琴瑟의 줄을 예로 들어 설명한다. 오미五味는 서로 조화를 이루어야 음식이 맛을 낼 수 있다는 것이다. 즉 모자라는 것은 더하고, 넘치는 것은 덜어내야 음식이 제 맛을 낸다는 말이다. 또 금슬의 줄이 하나만 있다면 고저장단이 조화된 선율을 이룰 수 없으니 그 소리를 들을 사람이 없게 된다고 주장한다.

그러기 때문에 군신의 관계도 조화를 이루되 뇌동하지 않아야 됨(화이부동和而不同)을 강조한다.

공자가 인륜관계를 논하는 '화이부동'은 안영의 영향을 받은 것으로 볼 수 있다.[13]

또 안영의 화와 동의 관계는 대립되는 개념이 서로 상반상성하는 원리임을 알 수 있다. 즉 가可와 부否의 대립통일의 관점에서 보고 있는 것이다. 안영은 이렇게 화와 동의 관계를 비롯하여 청탁淸濁, 대소大小, 장단長短, 질서疾徐, 애락哀樂, 강유剛柔, 지속遲速, 고하高下, 출입出入, 주소周疏 등의 현상이 모두 상반상제相反相濟하는 규율이라고 주장한다.

안영의 대립통일의 관점 상 상반상제의 원리는 노자의 철학과 맥을 같이 하는 부분이다.

### 4) 제자의 태두-노자老子·손자孫子·공자孔子

춘추말기에서 전국초기로 넘어가는 시점의 상황은 종법제의 해체가 가속화하고, 제후들은 세력 확장을 위한 전쟁만 일삼으며, 종교신

---

13 『논어: 자로편』, "君子和而不同 小人同而不和"

권宗敎神權은 동요한다. 한마디로 사회 전체가 기존질서의 붕괴로 혼란의 소용돌이에 휘말린 것이다. 인륜질서가 흔들리고, 폭정과 전란으로 벼랑 끝에 내몰린 백성들은 기대고 설 곳을 잃은 것이다.

이런 혼란한 세상을 바로 세우기 위해 저마다의 철학을 바탕으로 대책을 제시하며 나타난 것이 제자백가이다. 제자백가는 전국시기 성황을 이루지만 춘추전국시기가 교차하는 때에 그 선두가 일어난다. 대표적인 제자의 태두는 바로 노자, 손자, 공자를 꼽을 수 있다.

도가道家의 시조로 추앙받는 노자는 천지자연의 법칙을 밝히고, 사람들에게 천지자연의 마음으로 세상을 살아가고, 정치를 할 것을 주문한다. 그는 자연주의 철학체계를 세운 최초의 사상가인 셈이다.

손자병법으로 유명한 손무孫武는 병가兵家의 선두로 불린다. 그의 병법은 제후들이 끊임없이 벌이는 정벌전쟁의 산물이다. 굳이 사족을 붙이자면 병법은 전쟁에서 이기는 것이 목적이라고 하겠지만 전란을 빨리 마감하고 평화로운 세상을 회복하기 위한 것이 손무의 병법사상의 본질이라고 할 수 있다.

공자는 예와 인을 강조한다. 공자가 말하는 예는 인륜질서에 한정된 것이 아니다. 그가 말하는 예는 주나라 문물제도의 근간인 종법을 지키는 것을 말한다. 즉 주례의 회복을 말하는 것이다. 그리고 인은 폭정의 완화를 위한 것이다. 통치자가 어진 마음으로 정치를 펴야만 백성이 평안할 수 있기 때문이다. 그래서 공자의 철학은 인본주의를 강조하는 사상이라고 볼 수 있다.

중국 사상의 2대 조류를 이루는 노자사상과 공자사상은 모두 혼란무질서한 세상에 대한 대응으로 출현한 점은 같다. 다만 그들의 관점과 대응책에서 노자는 자연주의에 중점을 두고, 공자는 인본주의에 치중한 것의 차이가 있다고 하겠다.

# Ⅲ. 『도덕경』의 주요 용어와 내용

노자가 『도덕경』을 통해 전하고자 하는 의중을 헤아리기 위해서는 먼저 주요 용어의 개념을 파악할 필요가 있다.

그동안 『도덕경』에 대한 많은 주석서들이 차원은 높은 설명을 하고 있어 일반인은 물론 전문적 관심을 갖고 이 책을 읽고자 하는 사람조차도 용어에 대한 개념 파악이 쉽지 않은 것이 사실이다.

이처럼 기본적 용어의 이해가 안 되는 상태에서 노자가 전달하려는 말이 무엇인지를 알기는 더욱 어려울 수밖에 없다.

따라서 여기서는 본문 읽기에 들어가기 전에 먼저 도道와 덕德, 자연自然과 무위無爲, 유약柔弱과 부쟁不爭, 허虛와 정靜 등 주요 용어의 개념을 살펴본다.

이어서 『도덕경』의 내용이 무엇인지를 미리 정리해본다.

## 1. 주요 용어의 이해

### 1) 도道와 덕德

#### (1) 도

『도덕경』의 도는 노자철학의 핵심 개념이다. 노자 스스로도 도는 너무 심원해서 신비하다(현玄)고 한다. 하지만 『도덕경』을 읽어보면 도의 의미가 명확하게 설명돼 있다.

한마디로 도는 우주만물이 근원하는 곳이고, 이 근원에서 나온 만물의 운행법칙을 말한다. 더 축약해서 말하면 도는 우주의 운행법칙이라고 할 수 있다.

『주역』에 비유하면 '역易'과 같은 말이다. 『주역』은 주나 때 지어진 역서易書다. 이 역서에 쓰인 '역'자는 바로 우주의 운행 법칙을 말하기 때문이다.

『도덕경』 제1장에는 도가 천지의 시작이고, 만물의 어머니라고 밝히고 있다.[1] 그런데 제25장에서는 "혼돈스럽게 뒤섞여 있는 물건이 있는데, 이것(도)은 천지보다 앞서 생겨났다."[2]고 한다. 이어서 도는 천하 만물의 근원이 될 수 있다고 설명한다. 제42장에서는 "도가 하나를 낳고, 하나가 둘을 낳으며, 둘이 셋을 낳고, 셋이 만물을 낳는다."[3]고 한다.

곧 도는 천지보다 앞서 있는 것으로서 천하 만물이 나오는 근원이라는 것이다.

천하 만물은 생겨나서 자라고, 자람이 다하면 소멸한다. 그리고 이 같은 생장소멸의 과정은 끊임없이 순환하다. 1년에 사시사철이 바뀌면서 해를 거듭하여 반복하는 것이나, 사람의 생로병사가 대를 이어 지속되는 것과 마찬가지 이치다.

이렇게 만물이 순환변화 하는 규율 또한 '도'라고 한다. 제25장에서는 "혼돈스럽게 뒤섞여 있는 물건은 순환 운행하며 낳고 낳는 것을 쉬지 않는다."[4]고 말하고, 제16장에서는 "만물이 다투어 생겨나지만 결

---

1 『도덕경』 제1장, "無名天地之始 有名萬物之母"

2 『도덕경』 제25장, "有物混成 先天地生 …… 可以爲天下母"

3 『도덕경』 제42장, "道生一 一生二 二生三 三生萬物"

국 그것은 근본으로 돌아간다."[5]고 밝히고 있다.

그러면 노자가 말하는 도가 『주역』의 역과 같은 의미인데도 불구하고 왜 따로 도라고 했을까?

노자는 우주의 법칙을 밝히고, 사람은 이 법칙에 따라 살아갈 때 비로소 우주의 일원으로서 사람다운 삶을 살 수 있다는 것을 설파하고 있다. 노자는 이런 자신의 철학사상을 보다 분명하게 표현하기 위해 기존의 역이란 말보다 명확하고 함축적이며 포괄적인 개념을 생각해 낸 것이 도라고 여겨진다.

그런데 우주의 법칙인 도는 무상무형無象無形이어서 물리적 확인이 어렵지만 보이지 않는 실체가 있다. 철학적 용어로 말하면 이것은 추상적 개념의 '형이상形而上'에 해당한다. 『주역』에서도 이 형이상적 개념을 도라고 한다.[6] 물론 「계사전」에서 나오는 '도'라는 말은 노자사상의 영향을 받은 것으로 보고 있다.

노자는 우주변화법칙이 분명히 존재하지만 형체가 없어 보아도 볼 수 없고, 들으려고 해도 들을 수 없으며, 감각으로 지각할 수도 없는 것으로서 그 이름도 없으므로 억지로 이름을 만들어서 '도'라고 한 것이다. 『도덕경』 제25장에서 노자는 "고요하고 쓸쓸하여 소리도 없고, 형체도 없지만 홀로 우뚝 서서 영원히 변함없기 때문에 억지로 이름을 붙여 '도'라고 했다."[7]고 밝히고 있다.

---

4 『도덕경』 제25장, "有物混成 …… 周行而不殆"
5 『도덕경』 제16장, "萬物竝作 吾以觀其復"
6 「계사전」 상12장, "形而上者謂之道 形而下者謂之器"
7 『도덕경』 제25장, "…… 寂兮寥兮 獨立而不改 …… 吾不知其名 字之曰道"

### (2) 덕

노자가 말하는 덕은 도가 우주만물에 작용하여 드러나는 결과라고 할 수 있다. 다시 말하면 무형의 도에서 나온 유형의 천지만물이 근원인 도의 본성을 고스란히 이어받은 것을 덕이라고 하는 것이다.

『도덕경』 제51장에서는 "도가 낳고, 덕이 길러 자라게 하여 길러내고, 안정되게 하여 두텁게 하고, 길러서 덮어주는 것을 그윽한 덕이라고 한다."[8]고 한다. 이렇게 도가 만물에 작용하는 것을 덕이라고 말하고 있다. 즉 도가 체體라면 덕은 용用이라는 말이다.

그러므로 덕은 도를 따르는 것이다. 제21장에서는 "위대한 덕의 모습은 오직 도에 따른다."[9]고 말한다. 즉 덕은 도를 따르기 때문에 덕의 속에는 도의 법칙성이 내재하고 있다.

## 2) 자연自然과 무위無爲

자연과 무위라는 용어는 도가 작용하는 본성을 말하는 것이다. 여기서 자연은 도에 근원하여 생겨난 천지우주의 운행이 어떤 외부적 의지에 따르는 것이 아니고 스스로 그렇게 되는 것을 말한다. 즉 노자가 말하는 자연은 일반적으로 말하는 '천지자연' 또는 '자연환경' 등의 명사적 의미가 아니고, '자연히 그러하게 되는 것'이라는 뜻을 가지고 있다.

도의 자연성은 천지만물의 특정한 것을 편애하거나 억지로 시킴이 없이 각자 자유롭게 전개되는 상태에 맡기는 것이다. 제5장은 "천지는 어떤 것을 편애하지 않고 만물을 초개처럼 버려두어 자연스러운

---

8 『도덕경』 제51장, "道生之 德畜之 長之育之 亭之毒之 養之覆之 …… 是謂玄德"
9 『도덕경』 제21장, "孔德之容 唯道是從"

성장이 되도록 한다."[10]고 설명한다. 또 제51장에서는 "도의 높음과 덕의 귀함은 그것이 만물에 간섭하지 않고 항상 저절로 그렇게 되도록 하기 때문이다."[11]라고 한다.

이렇게 도가 천지만물에 대해 억지로 간섭하지 않고 저절로 그렇게 되도록 하는 것은 '무위無爲'라고 할 수 있다. 즉 무위는 아무것도 하지 않는 것이 아니라 저절로 이루어지도록 하는 의미다.

그런데 이 무위라는 말은 천지에 대한 도의 태도를 말하는 것보다는 군자나 성인, 즉 통치자가 백성에 대해 어떤 의도를 가지고 인위적으로 강제하지 않고 도의 자연성을 실천하는 것에 대한 표현으로 쓰인다. 다시 말해 천지의 운행 상태가 저절로 그렇게 되는 것을 '자연'이라 하고, 사람의 행위가 '자연스러운 것'을 '무위'라고 한다는 것이다. 제57장에는 "내가 무위하면 백성들은 저절로 교화된다."[12]고 한다.

그러므로 자연과 무위는 표현이 다를 뿐이고 억지로 하지 않고 저절로 이루어지도록 둔다는 의미는 같은 것이다.

### 3) 유약柔弱과 부쟁不爭

노자는 "도의 작용은 유약하다."[13]고 말한다. 그런데 이 말은 도의 작용이 실제로 연약하고 무력하다는 뜻이 아니고 그 안에 더할 나위 없는 강인함이 들어있다는 의미다.

노자는 "도는 영원히 존재하고 작용 또한 무궁무진하다."[14]고 한다.

---

10 『도덕경』 제5장, "天地不仁 以萬物爲芻狗"
11 『도덕경』 제51장, "道之尊 德之貴 夫莫之命而常自然"
12 『도덕경』 제57장, "我無爲而民自化"
13 『도덕경』 제40장, "弱者道之用"
14 『도덕경』 제40장, "綿綿若存 用之不勤"

이 말은 도가 만물을 낳는 작용은 유약하나 끊임없이 이어지며, 그 작용은 무한하다는 것이다.

그렇기 때문에 유약한 것이 강한 것을 이기고,[15] 강한 것은 죽음의 무리이고, 약한 것은 삶의 무리라고 한다.[16]

그런데 만물 중에서 유약한 것으로 치자면 물만한 것이 없다. 그래서 노자는 유약을 물에 비유한다. 물은 유약하지만 아무리 강하고 굳센 것이라도 물을 이기지 못한다.[17]

유약한 물은 낮은 곳에 처하면서 다투지 않고 늘 만물을 이롭게 한다.[18] 물은 낮은 곳으로 흐르기 때문에 계곡물은 더 낮은 강으로 흘러가고, 강물은 더 낮은 바다로 흘러간다. 바다는 가장 낮은 곳으로서 모든 물을 담고 있다.[19]

노자가 유약을 강조한 것은 강함을 추구하는 자는 늘 자신의 욕심만을 고집하면서 남을 포용하지 못하고 분쟁을 만들기 때문에 천지의 유약한 작용성을 본받으라는 의도를 갖고 있다. 그래서 통치자가 물처럼 유약하면서 낮은 곳에 처해 다투지 않고 백성을 포용하고 이롭게 한다면 천하가 평안하고 이롭지 않을 수 없다.

노자가 말하는 공이 이루어져도 자신의 공이라고 하지 않고[20], 공이 이루어져도 자신이 차지하지 않으며[21], 공이 이루어지면 물러난다[22]는 것은 모두 유약과 부쟁不爭에서 발전해 나온 철학이다.

---

15 『도덕경』 제36장, "柔弱勝剛强"
16 『도덕경』 제76장, "堅剛者死之徒 柔弱者生之徒"
17 『도덕경』 제78장, "天下莫柔弱於水 而攻堅剛者 莫之能勝"
18 『도덕경』 제8장, "利萬物而不爭"
19 『도덕경』 제32장, "川谷之與江海"
20 『도덕경』 제2장, "功成而不居"
21 『도덕경』 제34장, "功成而不有"
22 『도덕경』 제9장, "功遂身退"

### 4) 허虛와 정靜

허와 정은 도의 모습을 표현하는 말이다. 도는 무형무상하기 때문에 볼 수 없고, 들을 수 없으며, 감각으로 느낄 수가 없다. 마치 비어 있는 모습이다. 하지만 텅 빈 것처럼 보이는 도는 실제로 텅 빈 것이 아니라 만물의 근원이 되어 만물을 낳는 작용을 하고 있다. 노자는 "도는 텅 비어 있지만 그것의 작용은 그침이 없다. 깊기도 하다! 마치 만물의 근본과 같다."[23]고 분명하게 설명하고 있다.

도의 모습은 텅 빈 모습, 즉 허한 것처럼 보이며, 또 고요하여 움직임이 없는 모습으로 보인다. 이 고요한 모습을 '정靜'이라고 한다.

『주역』에서 선천팔괘방위도는 건乾괘(☰)를 남쪽에, 곤坤괘(☷)를 북쪽에 배치하고 있다. 남쪽의 건괘는 양陽을 말하며, 북쪽의 곤괘는 음陰을 말한다. 후천팔괘방위도는 남쪽에 이離괘(☲), 북쪽에 감坎괘(☵)를 배치한다. 이괘는 양이고, 감괘는 음이다.

계절과 방위를 연계하여 보면 남쪽은 생명의 활동이 활발한 여름이고, 북쪽은 만물이 활동을 멈추고 휴면에 들어가는 겨울철이다. 만물이 겨울에 잠장하는 것은 봄이 되면 다시 활발한 활동을 시작하기 위한 것이다. 양이 강건剛健하며, 동動의 성질을 갖고 있는데 비해 음은 유약柔弱하며, 정靜한 성질을 나타낸다. 고요하여 움직임이 없는 것처럼 보이는 음은 속에 양을 품고 있는 것이다. 즉 만물은 고요한 음에서 태어나는 것이다. 그래서 노자는 "만물은 음을 등지고 양을 안아 허무의 기운으로 조화를 삼는다."[24]고 하는 것이다.

그런데 만물은 활발한 활동과 고요한 정의 상태를 반복 순환한다.

---

23 『도덕경』 제4장, "道沖而用之 或不盈 淵兮似萬物之宗"

24 『도덕경』 제42장, "萬物 負陰而抱陽 沖氣以爲和"

즉 동과 정을 번갈아 반복하는 것이다. 다만 『주역』에서는 활발하게 움직이는 양을 중요시하고, 노자는 고요하게 잠장하는 정을 귀하게 보고 있는 차이일 뿐이다.

그래서 노자는 "만물이 어울려 생장하는 속에서 나는 순환의 이치를 본다. 무성하고 다양한 만물이 각자 자신의 근본으로 돌아간다. 근본으로 돌아가는 것을 정이라고 하며. 이것을 복명이라고 한다."[25] 고 하는 것이다.

## 2. 주요 내용 정리

### 1) 우주론

노자의 우주론은 첫째 만물이 생성되는 과정과 둘째 만물이 운행하는 규율, 그리고 이 모든 것을 통괄하는 무형무상의 실체로 구분할 수 있다.

이 가운데 무형무상의 실체는 앞서 '도'의 개념을 이야기 할 때 비교적 자세히 언급됐다고 보고, 여기서는 만물의 생성과정과 우주의 운동규율에 관해 좀 더 부연해본다.

#### (1) 만물의 생성과정

노자는 우주만물은 무형무상의 도에서 나온다고 말한다. 제42장에서 도가 하나를 낳고, 하나가 둘을 낳고, 둘이 셋을 낳으며, 셋이 만물을 낳는다고 분명하게 밝히고 있다.

---

25 『도덕경』 제16장, "萬物竝作 吾以觀其復 夫物芸芸 各復歸其根 歸根曰靜 是謂復命"

여기서 도를 '무無'라고 하는 경우와 '유有'라고 하는 경우를 구분해 보자. 도가 만물의 근원이고, 만물이 나오는 곳이지만 감춰져서 아직 드러나지 않았다는 의미로는 무라고 한다. 하지만 도는 또 만물을 창조하고 품고 있다는 뜻으로는 유라고 한다. 제1장에서 "무는 천지의 처음을 말하고, 유는 만물의 어미를 말한다."[26]는 구절이 이를 말해준다. 또 노자는 "천하만물은 유에서 나오고, 유는 무에서 나온다."[27]고 한다.

노자의 만물생성과정을 정리하면 도는 본래 무형으로 허정한 상태이지만, 실은 속에 만물을 창조할 능력을 갖추고 있으며, 그래서 유형의 만물이 생성되는 것이다.

### (2) 우주의 운행 규율

노자는 도에서 나온 우주만물은 영원히 순환 변동하는 특성이 있다고 본다. 그런데 우주의 순환변동과정에는 대립하면서 전화하여 순환한다는 것이다.

#### ① 대립의 규율

노자는 모든 사물은 대립면이 있으며, 대립면을 근거로 존재한다고 한다.

"유와 무는 서로 낳고, 어려움과 쉬움은 서로 이루어주고, 길고 짧음은 서로 나타내주고, 높고 낮음은 서로 기울고, 음과 소리는 서로 조화하고, 앞과 뒤는 서로 따른다."[28]는 것이다.

---

26 『도덕경』 제1장, "無名天地之始 有名萬物之母"

27 『도덕경』 제40장, "天下萬物生於有 有生於無"

28 『도덕경』 제2장, "有無相生 難易相成 長短相形 高下相傾 音聲相和 前後相隨"

또 "세상 사람들이 모두 아름다움이 아름다운 것으로 알지만, 아름다움에서 추함도 생겨난다."[29]라고 한다.

② 전화의 규율

만물의 대립면은 항상 제자리를 고수하는 것이 아니라 서로 상황이 바뀔 수 있다. 역학易學에서 말하는 음의 기운이 다하면 양의 기운이 시작되고, 양기가 극에 이르면 음기가 시작되는 것과 같은 이치다.

그래서 노자는 "재앙은 복이 의지하는 곳이고, 복은 재앙이 숨어있는 곳이다."[30]라고 한다.

노자의 관점은 사물은 대립관계에서 생기기 때문에 사물을 관찰할 때는 대립면을 중시해야 한다는 것이다. 또 대립면은 한 쪽이 끝까지 발전하면 그 반대면으로 발전한다고 본다. 무엇이든 극성하면 쇠락하는 전환점이 있게 된다. 그래서 노자는 "반대방향으로 변화하는 것이 도의 운동이다."[31]라고 말한다.

③ 순환운동 규율

사물이 극에 이르면 반대 방향으로 가는 것이 도의 운동이라고 했는데, 이렇게 반대면으로 간 것은 반드시 다시 돌아온다는 것이다. 그래서 도는 오고가는 것을 반복하게 마련이다. 즉 순환 반복하는 것이다. 이것을 '주행周行'이라고 한다.

그래서 노자는 "혼돈스럽게 뒤섞여 이루는 물건은 순환 운행하여 낳고 낳는 것을 그치지 않는다. …… 이것을 억지로 이름 붙여 도라고

---

29 『도덕경』 제2장, "天下皆知美之爲美 斯惡已 皆知善之爲善 斯不善已"

30 『도덕경』 제58장, "禍兮福之所倚 福兮禍之所伏"

31 『도덕경』 제40장, "反者道之動"

한다. 억지로 이름하여 크다고 한다. 크면 가고, 가면 멀어지고, 멀어지면 돌아온다."[32]고 한다. 또 "만물이 다투어 일어나지만 그것은 결국 근본으로 돌아감을 나는 안다."[33]고도 한다.

### 2) 인생론

노자는 사람의 감각이나 지각으로는 도를 직접 느낄 수는 없지만, 도의 여러 가지 특성은 사람이 살아가는데 있어 준칙이 되어야 한다는 것이다.

형이상의 도가 인간의 삶을 포함하는 현상계에서 작용할 때 그것을 덕이라고 한다는 것은 앞에서 말한 바와 같다. 즉 덕은 도의 작용이고, 도가 드러나는 모습이다. 그리하여 덕은 도의 법칙성을 고스란히 내재하고 있다고 했다.

그런데 인간 행위의 준칙이 되는 도덕의 기본적 특성과 정신은 자연무위, 유약, 부쟁, 위이불시爲而不恃(이루고도 공을 뽐내지 않음), 장이부재長而不宰(자라게 하되 다스리려 하지 않음), 거하居下(낮은 곳에 처함) 등등으로 표현된다.

노자는 인간이 이렇게 우주의 법칙을 준칙으로 하여 살아갈 것을 설파하고 있다. 그가 사람들에게 자신을 뽐내거나 자랑하지 말라고 훈계하는 예를 들어본다.

발끝으로 선 사람은 오래 서 있지 못하고, 가랑이로 걷은 사람은 멀리 가지 못하고, 스스로 나타내려는 사람은 드러나지 못하고, 스스로 옳다고 하는 사람은 나타나지 못하고, 스스로 뽐내려는 사람은 공이

---

32 『도덕경』 제25장, "有物混成 …… 周行而不殆 …… 强字之曰道 强爲之名曰大 大曰逝 逝曰遠 遠曰反"

33 『도덕경』 제16장, "萬物竝作 吾以觀其復"

없어지고, 스스로 자랑하는 사람은 오래 가지 못한다. 이런 행위는 도의 관점에서 볼 때는 식은 밥 덩어리나 군더더기 같은 것이라고 할 수 있으므로 누구나 그를 싫어하게 된다. 그래서 도가 있는 사람은 그렇게 하지 않는다.[34]

### 3) 정치론

노자는 통치자 또한 자연법칙을 바탕으로 나라를 다스려야 한다는 것을 강조한다.

예를 들면 제57장에서는 "정도正道로써 나라를 다스리고, 기이한 계책으로써 군대를 운용하고 하지만, 천하를 얻는 것은 무위로써 해야 한다. 내가 그 연유를 아는 것은 자연의 도에 근거한다. 천하에 금지하는 명령이 많으면 백성들은 더욱 가난해지고, …… 법령이 점점 밝아질수록 도둑이 많이 나온다. 그러므로 성인이 말하기를 내가 무위로 다스리면 백성들이 저절로 교화되고, 내가 고요함을 좋아하면 백성들이 저절로 바르게 되고, 내가 일함이 없으면 백성들이 저절로 부유해지고, 내가 욕심이 없으면 백성들이 저절로 순박해진다."[35]고 말하고 있다.

여기서는 자연무위의 도로써 나라를 다스려야 한다는 것을 말하고 있다.

제75장 역시 통치자의 무위를 설파하고 있다. "백성들이 굶주리는

---

34 『도덕경』 제24장, "跂者不立 跨者不行 自見者不明 自是者不彰 自伐者無功 自矜者不長 其在道也 曰餘食贅行 物或惡之 故有道者不處"

35 『도덕경』 제57장, "以正治國 以奇用兵 以無事取天下 吾何以知其然哉 天下多忌諱而民彌貧 …… 法令滋彰 盜賊多有 故聖人云 我無欲而民自化 我好靜而民自正 我無事而民自富 我無欲而民自樸"

것은 그 위정자가 세금을 많이 거둬들이기 때문이다. 백성을 다스리기 어려운 것은 위정자가 인위적으로 하기 때문이다."[36]라고 한다.

36 『도덕경』 제75장, "民之飢 以其上食稅之多 是以飢 民之難治 以其上之有爲 是以難治"

## Ⅳ. 『주역』과 『도덕경』의 상통관계

중국 상商나라 말기에서 주周나라 초기에 지어진 것으로 전해지는 『역경』은 괘효상과 괘효를 풀이하는 글로 구성돼 있다. 여기에는 어떤 철학적 개념이나 원리를 설명하는 말이 없다.

더구나 『역경』은 사람들이 궁금한 어떤 문제에 대해 괘를 뽑아서 길흉을 판단한 뒤 그 내용을 기록한 책이다. 따라서 점과 관련된 용어의 배열이 고작인 셈이다.

하지만 노자는 점치는 책인 『역경』에서 만물의 생성과 발전 과정, 그리고 만물의 생성 발전과정에 어떤 법칙성이 존재하고 있음을 간파하고, 이를 체계화하였다.

말하자면 노자는 점치는 책 『역경』을 자연철학으로 발전시킨 것이다.

그리고 전국戰國 중기 이후 한漢나라 초기 사이에 지어진 『역전』은 노자의 자연철학사상을 계승하여 『역경』을 해석하고 있다.

따라서 『주역』과 노자의 『도덕경』은 아주 밀접한 관계를 가지고 있다고 할 수 있다.

# 1. 『역경』을 자연철학화한 노자

## 1) 『역경』 변증원리의 체계화

### (1) 대립개념

노자는 모든 만물은 대립상태로 존재한다고 본다.

그는 "유와 무는 서로 낳아주고, 어려움과 쉬움은 서로 이루어주고, 길고 짧음은 드러나게 하고, 높고 낮음은 서로 기울며, 음과 소리는 서로 조화하며, 앞과 뒤는 서로 따른다. 이것이 세상의 변함없는 모습이다."[1]라고 한다.

또 "세상 사람들이 모두 아름다움이 아름다운 것으로 알지만, 아름다움에서 추함도 생겨난다. 모두 선함을 선한 것으로 알지만, 선함에서 선하지 않음도 생겨난다.[2]고 말한다.

노자가 이렇게 만물이 대립상태로 존재한다는 관념을 갖게 된 것은 『역경』의 양의 '—'효와 음의 '--'효에서 비롯된 것으로 추정할 수 있다. 물론 『역경』에는 '양효'나 '음효'라는 말은 없다.

또 『역경』의 64괘는 대립 상태를 보이고 있다. 양의 효만 6개로 이루어진 건乾괘와 반대로 음의 효 6개로 이루어진 곤坤괘는 서로 대립한다. 마찬가지로 태泰괘와 비否괘도 대립한다.

괘효사에도 대립개념이 존재한다. 예를 들면 길흉吉凶·유무有無·선후先後·상하上下·진퇴進退·손익損益·초종初終 등이 있다.

노자는 이처럼 『역경』의 괘효상과 괘효사를 보고 음양陰陽·강유剛柔·자웅雌雄 등의 대립개념을 생각해낸 것이다.

---

1 『도덕경』 제2장, "有無相生 難易相成 長短相形 高下相傾 音聲相和 前後相隨 恒也"

2 『도덕경』 제2장, "天下皆知美之爲美, 斯惡已 皆知善之爲善, 斯不善已"

### (2) 전화轉化 개념

만물은 대립 상태를 고수하는 것이 아니라 서로 상황이 바뀔 수 있다. 역학易學에서 말하는 음의 기운이 다하면 양의 기운이 시작되고, 양기가 극에 이르면 음기가 시작되는 것과 같은 이치다. 노자는 "재앙은 복이 의지하는 곳이고, 복은 재앙이 숨어있는 곳이다."[3]라고 한다. 일반적인 속담으로 예를 들면 '고진감래' 같은 것이다. 또 "굽으면 오히려 온전할 수 있고, 구부려야 펼 수 있다. 밑이 움푹하면 오히려 채울 수 있고, 낡아야 새로워질 수 있다."[4]고 말한다.

노자의 관점은 사물은 대립관계에서 생기기 때문에 사물을 관찰할 때는 대립 면을 중시해야 한다는 것이다. 무엇이든 극성하면 쇠락하는 전환점이 있게 된다. 그래서 노자는 "반대방향으로 변화하는 것이 도의 운동이다."[5]라고 말한다.

그런데 대립하는 사물은 한 쪽이 극성한 뒤에는 다른 쪽으로 그 운동 방향이 넘어간다는 노자의 '대립물의 전화' 관념의 근거 역시 『역경』에서 찾을 수 있다.

곤坤괘 괘사는 "먼저 하면 혼미하고, 뒤에 하면 얻는다."[6]고 하며, 태泰괘 구삼효사는 "평평하기만 하고 기울지 않는 것은 없으며, 가기만하고 돌아오지 않는 것은 없다."[7]고 한다. 비否괘 상구효사는 "먼저는 비색하고 뒤에는 기쁘다."[8]고 한다.

---

3 『도덕경』 제58장, "禍兮福之所倚 福兮禍之所伏"
4 『도덕경』 제22장, "曲則全 枉則直 窪則盈 幣則新"
5 『도덕경』 제40장, "反者道之動"
6 『주역』 곤坤괘 "先迷後得"
7 『주역』 태泰괘 구삼, "無平不陂 無往不復"
8 『주역』 비否괘 상구, "先否後喜"

### (3) 순환개념

사물이 극에 이르면 반대 방향으로 가는 것이 도의 운동이라고 했는데, 이렇게 반대 면으로 간 것은 반드시 다시 돌아온다는 것이다. 그래서 도는 오고가는 것을 반복하게 마련이다. 즉 만물은 낳고 소멸하는 과정을 반복 순환하는 것이다. 이것을 '주행周行'이라고 한다.

그래서 노자는 "혼돈스럽게 뒤섞여 이루어진 물건은 순환 운행하여 낳고 낳는 것을 그치지 않는다. …… 이것을 억지로 이름 붙여 도라고 한다. 억지로 이름하여 크다고 한다. 크면 가고, 가면 멀어지고, 멀어지면 돌아온다."[9]고 한다. 또 "만물이 다투어 일어나지만 그것은 결국 근본으로 돌아감을 나는 안다."[10]고도 한다.

노자는 만물은 대립하면서 서로 전화하며, 이런 발전과정을 반복하여 순환한다고 보는 것이다.

노자의 만물 반복 순환 관념도 또한 『역경』에서 비롯된 것이다.

건乾괘의 효사를 보면, 초구는 잠겨 있는 용(잠룡潛龍), 구이는 나타난 용(현룡見龍), 구사는 연못에 있거나 뛰어오르는 용(혹약재연或躍在淵), 구오는 하늘을 나는 용(비룡飛龍), 상구는 끝까지 올라간 용(항룡亢龍), 용구用九는 여러 용이 머리가 없는 상태(군용무수群龍無首)의 순서로 돼 있다.

용은 낮은 곳으로부터 하늘까지 올라간 다음 다시 시작점으로 돌아가는 것을 짐작할 수 있다. 하늘 끝까지 올라간 항룡 다음에 여러 용이 머리가 없다는 말은 시작점으로 떨어지는 것을 간파할 수 있게 한다.

노자는 여기서 만물이 단계적으로 발전하여 극에 이르면 다시 시작

---

9 『도덕경』 제25장, "有物混成 …… 周行而不殆 …… 强字之曰道 强爲之名曰大 大曰逝 逝曰遠 遠曰反"

10 『도덕경』 제16장, "萬物竝作 吾以觀其復"

으로 돌아간다는 사실을 읽어낸 것이다.

또 복復괘 괘사에서는 "도를 반복하여 7일 만에 와서 회복한다."[11] 고 한다. 한 괘의 효가 6개이지만 6개의 효는 만물의 생성변화과정을 담고 있다. 도를 반복하여 7일 만에 회복한다는 것에서도 역시 만물의 순환성을 간파할 수 있다.

## 2) 『역경』의 곤坤을 숭상함

### (1) 곤坤과 수水

「설괘전」은 『역경』의 곤坤괘가 땅·순종함·어머니 등을 상징한다고 한다. 「설괘전」은 10편으로 구성된 『역전』 중에서도 그것이 지어진 시기가 비교적 늦어서 전국戰國 말기에서 진한秦漢 시기에 나온 것으로 본다.

본래 곤괘의 괘명卦名이나 괘효사로 볼 때 곤괘가 음유陰柔나 대지大地의 뜻은 없다.

곤坤괘의 坤에 철학적인 의미를 부여한 것은 노자다. 노자는 곤에 철학적 의미를 부여하였을 뿐 아니라 곤의 덕을 가장 숭상하여 자신의 철학의 대표성을 갖는 개념으로 삼고 있다.

마왕퇴馬王堆 한묘漢墓[12]에서 발견된 백서帛書 『주역』에는 곤괘가 '천川'으로 돼 있다. 川은 물이 땅을 뚫고 흘러가는 것을 가리킨다. 물이 땅으로 흘러드는 것이다.

그런데 노자는 물을 숭상한다. 물은 부드럽고 고요하여 만물을 이롭게 한다. 또 유약하지만 강한 것을 능히 이길 수 있다. 여기서 물을

---

11 『주역』 복復괘 괘사, "反復其道 七日來復"

12 마왕퇴馬王堆 한묘漢墓 : 중국 호남성湖南省 장사시長沙市 교외에서 1971년 발견된 중국 전한 초의 무덤.

숭상하는 노자의 사상과 물의 관계를 엿볼 수 있다.

### (2) 만물의 어미–빈牝

곤괘의 괘사에 "암말의 바름이 이롭다."[13]는 구절이 있다. 『역경』에서 이 구절의 본래 의미는 암말과 관련된 일을 점을 친 결과 곤괘가 나왔는데, 그 결과가 길했다는 것이다.

빈마牝馬의 牝은 본래 암컷, 어미라는 뜻이다. 그런데 노자는 牝자에 고도의 철학적 의미를 부여했다. 노자가 牝자에 부여한 철학적 의미는 첫째 만물을 낳는 근원이라는 것이다. 6장에서는 "곡신이라고도 하는 만물을 낳는 도는 영원히 죽지 않는다. 이 영원불멸의 도를 현묘한 암컷이라고 한다. 만물을 낳는 암컷의 문은 천지의 뿌리라고 할 수 있다."[14]고 한다.

둘째는 牝의 포용성을 강조하는 것이다. 61장에서는 "큰 나라는 강이나 하천이 흘러드는 하류의 바다와 같다. 천하의 암컷으로, 세상의 모든 것이 모이는 곳이다."[15]고 말한다.

노자가 말하는 곡신谷神과 현빈玄牝은 만물을 낳는 도道를 표현한다. 이 현묘한 암컷은 만물을 낳고 낳는 일을 쉬지 않고 한다. 그리고 텅빈 계곡의 신은 모든 내와 하천의 물을 받아들이는 바다처럼 포용력이 크다. 그것은 자신을 낮추기 때문이다. 그래서 牝은 겸하 또는 겸손의 의미도 가지고 있다.

---

13 『주역』 곤坤괘, "利牝馬之貞"

14 『도덕경』 제6장, "谷神不死 是謂玄牝 玄牝之門 是謂天地根"

15 『도덕경』 제61장, "大國者下流 天下之牝 天下之交也"

### (3) 미명微明

노자는 "안정된 것은 유지하기 쉽고, 아직 기미가 없는 것은 도모하기 쉬우며, 취약한 것은 깨뜨리기 쉽고, 미약한 것은 흩뜨리기 쉽다. 그래서 일이 생겨나기 전에 처리하고, 혼란이 일어나기 전에 다스려야 한다. 아름드리나무도 털끝 같은 작은 씨앗에서 생겨나고, 아홉층 높이의 누대도 한 삼태기의 흙을 쌓는데서 시작되며, 천리의 먼 길도 한걸음부터 시작된다."[16]라고 한다.

노자는 이렇게 미연에 예방하는 신중한 태도를 칭송한다. 그러면 사물의 운동이 아직 드러나지 않은 것을 어떻게 알 수 있는가? 그것은 사물이 발전하는 규율을 세밀히 관찰하면 알 수 있다. 그래서 노자는 "은밀하여 잘 확인하기 어렵지만 분명하게 드러나는 만물운행의 이런 이치를 미명微明이라고 한다."[17]고 말한다.

노자는 미명의 이치를 바로 곤괘에서 얻었다. 곤괘 초효 효사는 "서리를 밟으면 곧 단단한 어름이 어는 것을 안다."[18]고 한다.

일 년 사시사철 중에 늦가을이 되어 첫 서리가 내리면 곧 이어 얼음이 단단하게 어는 깊은 겨울이 오는 것을 알 수 있다. 이것은 천지자연이 운행하는 법칙이다. 따라서 만물의 운행규율을 자세히 관찰하면 앞으로의 진행과정을 미리 예측할 수 있다.

## 3) 사람과 자연은 하나라는 관념

노자는 사람은 자연의 일원이라고 본다. 물론 그런 관점은 당연한

16 『도덕경』 64장, "其安易持 其未兆易謨 其脆易泮 其微易散 爲之於未有 治之於未亂 合抱之木 生於毫末 九層之臺 起於累土 千里之行 始於足下"

17 『도덕경』 36장, "是謂微明"

18 『주역』 곤坤괘 초효, "履霜堅氷至"

것이다.

노자는 만물은 도에서 나온다고 한다. 그런데 도는 원래 저절로 그러한 만물의 근원이자 운행법칙을 말한다. 즉 여기서 도와 자연이라는 말은 같은 맥락인 것이다. 그러므로 만물의 하나인 사람은 당연히 자연과 하나일 수밖에 없다.

이것은 "도는 하나를 낳고, 하나는 둘을 낳고, 둘은 셋을 낳고, 셋은 만물을 낳는다."[19]는 대목이 확실하게 대변하고 있다.

그래서 노자는 "사람은 땅을 본받고, 땅은 하늘 본받으며, 하늘은 도를 본받고, 도는 자연을 본받는다."[20]고 강조한 것이다.

이것은 분명히 유가에서 말하는 '천인합일天人合一' 사상이다.

이런 자연과 인간이 하나라는 관념에 따라 노자는 자연의 법칙을 먼저 설명하고, 이어서 사람은 이런 자연의 법칙을 준칙으로 삼아서 살아갈 것을 강력하게 주문하고 있는 것이다. 이른바 이것을 자연의 법칙을 미루어 인간의 일을 밝힌다고 하는 '추천도명인사推天道明人事'라는 말로 표현한다.

그러면 사람은 자연의 일원이라는 노자의 관념은 어디서 나온 것인가?

물론 『역경』에서 시원을 찾을 수 있다. 『역경』은 점을 쳐서 나온 괘효상을 보고 사람의 길흉사를 밝히는 일에서 비롯된 것이다.

역易으로 점을 쳐서 인사의 길흉을 밝히는 일의 기본 전제는 자연과 사람이 동일하다는 것이다. 사람과 자연 곧 하늘이 같기 때문에 사람의 일을 물었을 때 하늘은 그에 대한 해답을 주게 되는 것이다. 이것은 자연과 사람이 같은 기로 통한다는 말이다. 그렇기 때문에 같은 기운은 서로 응하는 것이다.

---

19 『도덕경』 제42장, "道生一 一生二 二生三 三生萬物"

20 『도덕경』 제25장, "人法地 地法天 天法道 道法自然"

## 2. 노자의 사상을 계승한 『역전』

우리가 『주역』이라고 하면 그 범위가 상당히 광범위하다. 본경 『역경』이 주나라 때 지어진 것이라는 의미로 『주역』이라고 하기도 한다. 또 이 본경 『역경』을 해석한 『역전』까지 포함하여 『주역』이라고 할 수도 있다. 더 나아가서는 본경 『역경』과 『역전』은 물론 역에 관한 탐구로 얻어진 학문체계를 말하기도 한다. 물론 이 경우는 책을 의미하는 『주역』이 아니라 '주역'으로 표기한다.

그런데 앞서 이야기 한 바와 같이 점치는 책인 본경 『역경』에 우주자연의 생성과 운행의 원리가 숨어 있는 사실을 찾아내서 이것을 자연철학으로 체계화한 것이 노자라고 할 수 있다.

이후에 『역전』은 바로 노자의 자연철학사상을 계승하여 『역경』을 해석한 것이다.

물론 『역전』에는 본경 『역경』이 가지고 있는 점에 관한 내용들도 있지만, 우주의 생성과정, 자연의 순환성, 만물은 음양의 기운으로 이루어진다는 점, 강과 유가 서로 조화를 이룬다는 것, 하늘과 사람이 하나라는 사상 등의 철학적 내용을 담고 있다.

그래서 여기서는 『역전』이 노자의 자연철학사상을 계승하고 있는 내용을 살펴본다.

### 1) 만물의 기원에 관한 것

『역전』은 건乾괘와 곤坤괘의 해석에서 만물의 기원문제에 대한 대답을 제시한다. 건괘 「단전」은 "위대하도다! 건의 큼이여! 만물이 여기에 의지하여 시작한다."[21]고 한다. 또 곤괘 「단전」은 "지극하도다! 곤의 큼이여! 만물이 여기에 의지하여 생겨난다."[22]고 한다.

「계사전」은 "건은 큰 시작을 주장하고, 곤은 물건을 만들어 완성한다."[23]고 한다.

건과 곤이 만물의 시작이자 만물을 낳는 근원이라고 말하는 것이다.

노자는 "무無는 천지가 시작되는 것을 가리키는 것이고, 유有는 만물이 나오는 근원을 말한다."[24]라고 한다. 앞으로 본문을 번역할 때 상세히 이야기 되겠지만 여기서 무와 유는 노자가 말하는 도道를 말하는 것이다.

우주만물의 기원에 대해 「역전」이 말하는 것과 노자가 말하는 것이 일치하고 있다.

무엇보다 「역전」의 만물기원설이 노자의 자연주의 사상과 일치는 것에 주목할 필요가 있다. 「역전」은 일반적으로 공자를 비롯한 유가儒家의 작품으로 전해지고 있다. 그런데 유가에서는 자연주의철학을 언급하지 않으며, 인륜도덕성의 문제에 관심을 갖고 있다.

이런 점에서 보면 「역전」의 만물기원설은 노자의 자연주의사상의 영향을 받은 것이 분명한 것이다.

「역전」은 건과 곤이 만물의 근원이라고 하지만, 건과 곤의 작용이 다르다는 것을 알 수 있다. 그래서 「역전」은 건과 곤이 서로 교감하여 만물이 화생함을 말하고 있다. 「서괘전」은 "천지가 있은 뒤에 만물이 생겨난다."[25]고 한다. 함咸괘 「단전」은 "천지가 감응하여 만물이 화생한다."[26]고 한다.

---

21 『주역』 건乾괘 「단전」, "大哉 乾元 萬物資始"

22 『주역』 곤坤괘 「단전」, "至哉 坤元 萬物資生"

23 「계사전」 상1장, "乾知大始 坤作成物"

24 『도덕경』 제1장, "無 名天地之始, 有 名萬物之母"

25 「서괘전」, "有天地然後 萬物生焉"

26 『주역』 함咸괘 「단전」, "天地感而萬物化生"

그런데 노자도 천지의 앞에 도라는 개념을 놓아두었지만 여전히 천지가 만물을 직접 생성한다. 앞에서 말한 "무無는 천지가 시작되는 것을 가리키는 것이고, 유有는 만물이 나오는 근원을 말한다."는 대목과 "천하 만물은 유에서 나오고, 유는 무에서 나온다."[27]는 대목을 연계하여 살펴보면 노자 역시 만물은 천지에서 나온다고 말한다. 여기에 대해서 장자莊子는 "천지는 모두 만물의 부모이다."[28]라고 직접 말한다.

또 만물생성과정에 대한 『역전』과 노자의 구체적 표현도 일치하고 있다. 예컨대 노자는 천지의 시작이라는 '시始'와 만물을 낳는 어미라는 '모母(이것은 낳는다는 생生과 같음)'를 쓰고, 『역전』 또한 '만물자시萬物資始'와 '만물자생萬物資生'라고 하여 始와 生을 말한다.

이렇게 『역전』은 만물의 기원에 이어 만물생성과정도 노자의 사상을 계승하고 있다.

「계사전」은 "역에 태극이 있으며, 태극이 양의를 낳고, 양의가 사상을 낳으며, 사상이 팔괘를 낳고, 팔괘가 길흉을 정하며, 길흉이 대업을 낳는다."[29]고 한다.

이 대목은 산대로 괘를 뽑아서 점을 치는 법을 설명하는 것이지만 우주의 생성과정을 설명하는 것이기도 하다.

이 대목은 노자의 영향을 받은 것이 확실하다. 노자는 "도가 하나를 낳고, 하나가 둘을 낳으며, 둘이 셋을 낳고, 셋이 만물을 낳는다. 만물은 음의 기운을 등에 업고, 양의 기운을 끌어안고 있다. 만물을 이루는 음양의 기운은 허정한 기운으로 조화를 삼는다."[30]고 말한다.

---

27 『도덕경』 제40장, "天下萬物生於有 有生於無"

28 『장자: 달생』, "天地皆萬物之父母也"

29 「계사전」 상11장, "易有太極 是生兩儀 兩儀生四象 四象生八卦 八卦定吉凶 吉凶生大業"

30 『도덕경』 제42장, "道生一 一生二 二生三 三生萬物 萬物負陰而抱陽 沖氣以爲化"

노자는 이미 우주생성과정을 이렇게 설명한 바 있다.

### 2) 만물의 순환운동에 관한 것

노자는 도가 순환 운행하는 것을 알았다. 그래서 "순환하는 것이 도의 운동이다."[31]고 하고, "만물이 다투어 생겨나지만 알고 보면 결국 근본으로 돌아간다. 만물이 무성하지만 각자 그 뿌리로 돌아간다."[32]고 말한다.

또 25장 "순환 운행하며 그치지 않아서 천지만물의 근원이 될 수 있다. 크다고 하는 것은 간다고 할 수 있고, 간다는 것은 멀다고 할 수 있으며, 멀다고 하는 것은 돌아온다고 할 수 있다."[33]고 한다.

모두 천지만물의 생성 소멸의 과정이 반복 순환하는 것을 가리키고 있다.

노자는 주나라 왕실도서관의 사서에 해당하는 사관史官이었다. 당시에는 사관이 천문역법을 맡아서 관리했다. 그러므로 노자는 천상을 관측하여 우주의 변동이 일정한 주기로 반복하는 것을 알았다.

그런데 도가 순환 운행한다는 노자의 관점은 『역전』에 그대로 반영되었다. 고蠱괘 「단전」은 "마치면 시작이 있는 것이 천도의 운행이다."[34]라고 하며, 복復괘 「단전」은 "도를 반복하여 7일 만에 와서 회복하는 것은 천도의 운행이다."라고 한다. 또 박剝괘 「단전」은 "군자가 소식영허를 숭상함이 하늘의 운행이다."[35]라고 한다.

---

31 『도덕경』 제40장, "反者道之動"

32 『도덕경』 제16장, "萬物竝作 吾以觀復 夫物芸芸 各復歸其根"

33 『도덕경』 제25장, "周行而不殆, 可以爲天下母 大日逝 逝日遠 遠日反〉

34 『주역』 고蠱괘「단전」, "終則有始 天行也"

35 『주역』 박剝괘, 「단전」, "君子尙消息盈虛 天行也"

### 3) 음양기화론陰陽氣化論

「계사전」에서는 “한 번은 음이 작용하고, 한 번은 양이 작용하는 것이 도이다.”[36]라고 한다. 만물이 생성, 소멸 변화하는 일체의 과정이 음양의 기운의 작용에 의한 것이라는 말이다.

『역전』은 바로 음양 2기가 교감하여 만물이 생성 변화 발전한다는 관점에서 『역경』을 해석하고 있다.

함咸괘 「단전」은 “2기가 감응하여 서로 더불어 친하다.”[37]고 한다. 여기서 감응한다는 것은 천지 음양의 기운이 서로 사귄다는 것을 말한다.

건乾은 천天이자 양陽을 상징하고, 곤坤은 지地이면서 음陰을 말하므로, 「서괘전」에서 “천지가 있은 뒤에 만물이 생겨난다.”[38]고 하는 말이나, 함咸괘 「단전」에서 “천지가 감응하여 만물이 화생한다.”[39]고 하는 말은 모두 음양 2기가 교감하여 만물을 이룬다는 의미다.

그런데 『역경』에는 본래 음양이라는 말은 없다. 또 춘추시대에도 음양으로 역易을 해석한 예도 없다.

단지 『역경』의 괘를 이루는 ‘—’와 ‘--’ 부호가 있으나, 이것은 본래 음양의 부호가 아니라 숫자의 표시라는 것이 밝혀졌다.

즉 괘효는 처음에는 아직 음양 개념의 의미를 갖추지 못했고, 더욱이 철학적인 의미는 생각지도 못했다.

음양이 철학의 개념을 갖게 된 것은 노자가 처음으로 “도가 하나를 낳고, 하나가 둘을 낳으며, 둘이 셋을 낳고, 셋이 만물을 낳는다. 만

---

36 「계사전」 상5장, “一陰一陽之謂道”

37 『주역』 함咸괘 「단전」, “二氣感應以相與”

38 「서괘전」, “有天地然後 萬物生焉”

39 『주역』 함咸괘 「단전」, “天地感而萬物化生”

물은 음의 기운을 등에 업고, 양의 기운을 끌어안고 있다. 만물을 이루는 음양의 기운은 허정한 기운으로 조화를 삼는다."[40]고 언급한 것에서 비롯된다.

이어서 장자는 "역은 음양을 말한다."[41]고 하여 천지만물의 운행법칙이 음양의 활동임을 확언했다.

이처럼 노자에 의해 처음으로 제창된 만물 음양기화론은 『역전』이 그대로 계승하여 『역경』을 해석하고 있는 것이다.

### 4) 노자의 도道와 『역전』의 도道

노자가 말하는 도道는 천지만물의 시작이고, 또 천지만물을 낳는 어미이며, 천지만물이 생성 변화 발전하는 과정의 법칙까지를 포함하는 의미다. 이것은 쉽게 말해 우주만물의 운행법칙이라고 할 수 있다.

그런데 『주역』에서 '역易'이라는 말도 또한 우주만물의 운행법칙을 가리키는 것이다.

그렇다면 노자의 도와 『주역』의 역은 같은 말이다.

그런데 노자의 도는 보려고 해도 볼 수 없고, 들으려고 해도 들을 수 없으며, 감각으로 느끼려고 해도 느낄 수 없는 무형무상이다. 그러나 분명히 존재하는 것으로 볼 수 있다. 그래서 노자가 억지로 이름을 붙여서 도라고 한 것이다.

이 말은 도는 추상적인 개념이라는 것이다. 그러나 이 추상적인 개념의 도가 작용을 하기 시작하여 낳은 천지만물은 유형의 것으로서 보고, 듣고, 지각할 수 있다.

---

40 『도덕경』 제42장, "道生一 一生二 二生三 三生萬物 萬物負陰而抱陽 沖氣以爲化"

41 『장자: 천하』, "易以道陰陽"

노자는 도의 형이상적 모습을 "도라는 것은 있으면서도 없는 것 같고, 없으면서도 있는 것 같다. 도는 없으면서도 있는 것 같지만 그 속에 형상이 있다. 있으면서도 없는 것 같지만 그 속에 사물이 있다."[42]고 은밀하게 표현한다.

노자는 이어서 "도가 만물을 낳고, 덕이 만물을 기른다. 그러면 만물이 형체를 갖추고, 기물이 이루어진다."[43]고 한다. 이 말은 도가 낳은 만물은 형체를 가춘 기물이 된다는 것이다.

이것을 요약하여 정리하면 우주만물은 추상적인 도와 유형의 물건으로 구분할 수 있는 것이다. 그리고 이 말을 한자성어로 표현하면 '형이상자위지도形而上者謂之道, 형이하자위지기形而下者謂之器'가 된다.

그런데 『역전』은 바로 노자의 도에 관한 관점을 계승하여 우주변화의 법칙을 해석하고 있다.

「계사전」에는 두 곳에서 '도'를 언급한다. 하나는 상12장의 '형이상자위지도形而上者謂之道 형이하자위지기形以下者謂之器'라는 대목이고, 다른 하나는 상5장의 '일음일양지위도一陰一陽之謂道'라는 대목이다.

형이상자위지도라는 말은 볼 수도 없고, 들을 수도 없으며, 감각으로 느낄 수도 없지만 분명히 존재하는 법칙 또는 이치를 '형이상'이라고 한다는 것이다. 형이하자위지기라는 것은 형이상과는 달리 실체가 있어서 보고, 듣고, 감각으로 확인할 수 있는 것을 말한다.

그런데 노자가 말하는 도가 형이상의 개념인 '무無'이면서 만물의 근원이고, 만물이 생성 변화하는 법칙이라는 점은 앞서 이야기한 바와 같다. 즉 보고, 듣고, 감각할 수 없지만 분명히 존재하는 우주법칙이 도라는 것이다. 「계사전」이 말하는 도의 개념은 여기서 따온 것임

---

42 『도덕경』 제21장, "道之爲物 惟恍惟惚 惚兮恍兮 其中有象 恍兮惚兮 其中有物"

43 『도덕경』 제51장, "道生之 德畜之 物形之 器成之"

을 알 수 있다.

두 번째 '일음일양지위도'는 한 번은 음이 작용하고, 한 번은 양이 작용하여 천하 만물이 낳고 자라고 변화하는 이치를 도라고 한다는 것이다.

이렇게 만물의 생장변화 작용을 하고 있는 도는 음을 등에 업고, 양을 끌어안고 있는 것이라고 설명한다.[44] 즉 도의 작용은 음양의 작용이라는 것이다. 우주의 생성변화는 음양의 작용에 의해 이루어지는데, 이것을 '도'라고 한다는 것이다.

### 5) 강유剛柔의 개념

『역전』의 또 다른 특색은 강과 유의 관념을 끌어들여 『역경』을 해석하는 것이다. 「단전」은 64괘 가운데 51개 괘에서 '강유剛柔' 또는 '剛'이나 '柔'를 언급하고 있다.

괘상에서는 양의 괘는 강, 음의 괘는 유로 보고 있다. 효爻 또한 양의 효는 강, 음의 효는 유로 본다.

특히 「단전」은 강유의 개념으로 음양을 대체하여 쓰는 경향마저 보인다. 「단전」 중에서 음양이 나오는 것은 겨우 2차례인데 비해, 강剛은 59회, 유柔는 39회, '강유'는 28차례나 출현한다.

노자는 "부드럽고 약한 것이 강한 것을 이긴다."[45]고 하며, "세상에서 가장 부드러운 것이 가장 강한 것을 부린다."[46]고 말한다. 또 "강하고 큰 것은 오히려 낮은 자리에 있고, 부드럽고 약한 것은 오히려 위를 차지한다."[47]고 하고, 또 "약한 것이 강한 것을 이기고, 부드러운

---

44 『도덕경』 제42장, "負陰而抱陽"

45 『도덕경』 제36장, "柔弱勝剛强"

46 『도덕경』 제43장, "天下之至柔 馳騁天下之至堅"

것이 굳센 것을 이긴다."[48]고 한다.

『역전』의 강유의 관념 또한 노자의 영향을 받은 것이다.

### 6) 시時와 중中의 개념

#### (1) 중中

『역경』의 괘는 6개효로 구성된다. 한 괘의 6개효는 아래로부터 위로 각각의 자리(위位)가 있다. 맨 아래는 초, 두 번째는 2, 3, 4, 5, 그리고 맨 위는 상으로 표현한다.

그리고 한 괘의 아래쪽 3개효로 된 소성괘를 내괘 또는 하괘, 위쪽 3개효로 된 소성괘는 외괘 또는 상괘라고 한다. 그런데 내괘의 가운데 효, 즉 2효와 외괘의 가운데 효, 즉 5효는 자리가 중위에 있으므로 '中'이 된다.

『역전』은 중을 아주 중요시한다. 중용中庸이니 중도中道가 최고의 덕목인 것과 같다.

「단전」은 35개 괘에서 중의 중요성을 언급하고, 「상전」은 38개 괘에서 중의 사상을 강조한다.

그런데 노자는 "다스리는 사람의 교화와 법령이 괴롭고 가혹하면 오히려 금방 패망하므로 허정虛靜을 지키는 것만 못하다."[49]라고 한다. 여기서 허정虛靜은 도의 본래 모습을 표현하는 것으로 역의 중도와 같은 맥락이다.

---

47 『도덕경』 제76장, "强大處下 柔弱處上"

48 『도덕경』 제78장, "弱之勝强 柔之勝剛"

49 『도덕경』 제5장, "多言數窮 不如守中"

(2) 시時

자연이 운행 변화하는 것을 천행天行 또는 천도天道라고 말한다. 그런데 자연의 운행은 '차면 기울고, 기울면 차는' 소식영허消息盈虛의 과정을 반복하는 것이다.

이 소식영허는 바로 시간의 차례와 관계가 있다. 그래서 손損괘 「단전」은 "덜고 더하며, 채우고 비우는 것은 때와 더불어 함께 행한다."[50]고 말하는 것이다.

『역전』은 중과 함께 때를 매우 중시한다. 예를 들어 건乾괘 「문언전」에는 "하늘에 앞서 해도 하늘이 어기지 아니하며, 하늘을 뒤따라 해도 하늘의 때를 따른다."[51]라고 하고, 「계사전」에서는 "때를 기다려 움직이니 어찌 이롭지 않음이 있겠는가?"[52]라고 한다. 또 간艮괘 「단전」은 "움직이고 고요함에 때를 잃지 않으면 그 도가 빛날 것이다."[53]라고 하고, 손巽괘·익益괘·소과小過괘의 「단전」은 "때와 함께 움직인다."[54]라고 한다. 이처럼 주역은 때를 강조하고 중요하게 여기고 있다.

그런데 노자 역시 이미 시의 관념을 강조했다.

노자는 "물과 같은 덕을 가진 사람은 낮은 땅에 처하기를 잘하고, 마음을 씀에 있어서는 깊고도 고요하며, 베풀어줌에 있어서는 어진 마음으로 하며, 말을 함에는 신실함이 있고, 다스리는 것은 간소하게 잘 하고, 일을 처리함에는 능력에 잘 맞추고, 행동을 할 때는 때를 잘 파악한다."[55]고 말한다.

---

50 『주역』 손損괘 「단전」, "損益盈虛 與時偕行"

51 『주역』 건乾괘 「문언전」, "先天而天弗違 後天而奉天時"

52 「계사전」 하5장, "待時而動 何不利之有"

53 『주역』 간艮괘 「단전」, "動靜不失其時 其道光名"

54 『주역』 손損괘·익益괘·소과小過괘 「단전」, "與時偕行"

55 『도덕경』 제8장, "居善地, 心善淵, 與善仁, 言善信, 政善治, 事善能, 動善時"

### 7) 자연의 법칙과 사람의 준칙

앞에서 노자가 사람을 자연의 일원으로 본다는 것을 이야기 했다. 그래서 노자는 이런 자연과 인간이 하나라는 관념에 따라 자연의 법칙을 먼저 설명하고, 이어서 사람은 이런 자연의 법칙을 준칙으로 삼아서 살아갈 것을 강력하게 주문하고 있는 것이다.

이것을 이른바 자연의 법칙을 미루어 인간의 일을 밝힌다고 하는 '추천도명인사推天道明人事'라는 말로 표현한다.

그런데 『역전』은 바로 노자의 추천도명인사의 방식을 계승하고 있다.

예를 들면 태괘 「단전」은 "천지가 사귀어 만물이 통하여 편안하고, 상하가 사귀어 그 뜻이 같아진다."[56]고 한다. 이것은 말 그대로 하늘과 땅이 교감하여 만물이 편안해지는 것처럼 사람도 위와 아래가 잘 교감하여야만 그 뜻을 같이 할 수 있다는 것을 강조하는 것이다.

또 비否괘 「단전」은 "천지가 사귀지 않아서 만물이 통하여 편안하지 못하고, 상하가 사귀지 않아 천하에 나라가 없다."[57]고 한다. 이것은 천지가 교감하지 못하니 만물이 생겨날 수 없다. 마찬가지로 나라의 다스리는 자와 백성이 교감하지 못하므로 나라가 패망하지 않을 수 없다는 것을 말하는 것이다.

건乾괘 「상전」에는 "하늘의 운행이 굳세니 군자가 이를 본받아서 스스로 힘쓰고 쉬지 않는다."[58]고 한다.

여기서 말하는 '천행 天行 건健'은 노자가 말하는 "그것(도)은 홀로 우뚝 서서 영원히 다하지 않으며, 순환 운행하며 그치지 않아서 천지 만물의 근원이 될 수 있다.[59] 와 표현만 다를 뿐 같은 의미이다.

---

56 『주역』 태泰괘 「단전」, "天地交而萬物通也 上下交而其志同也"

57 『주역』 비否괘 「단전」, "天地不交而萬物不通也 上下不交而天下無邦也"

58 『주역』 건乾괘 「상전」, "天行 健 君子以 自彊不息"

## 3. 역易과 도道의 상통관계

『도덕경』은 『역경』에 내재된 우주변화의 법칙을 처음으로 체계화하고 철학화했으며, 이어서 『역전』은 노자의 사상을 계승하여 『역경』을 자연주의 철학으로 해석하고, 이를 토대로 인간행위의 준칙을 제시하고 있다.

우리는 노자의 사상과 『역전』의 상통관계를 이미 앞에서 확인하였다. 여기서는 노자의 사상과 『역전』의 우주론의 상통성을 간략하게 정리해본다.

동한東漢의 정현鄭玄이라는 학자는 그의 저서 『역찬易贊』과 『역론易論』에서 『주역』에서 말하는 역易에는 세 가지 중요한 의미가 있다고 한다. 역의 삼의三義는 첫째 이간易簡, 둘째 변역變易, 셋째 불역不易이다.

### 1) 변역變易의 상통성

변역은 우주변화의 이치를 말하는 것이다. 우주만물은 잠시도 제자리에 머물지 않고 언제나 변화한다. 그런데 우주변화의 과정은 그냥 변화하는 것이 아니고, 대립과 전화를 거쳐서 순환한다. 다시 말해 만물은 대립하는 상대가 있고, 이 대립 면은 서로 한 쪽이 발전하여 극에 달하면 기울어지고, 상대 쪽이 발전하기 시작한다. 그리고 상대 쪽의 발전이 극에 이르면 다시 다른 쪽에서 받아 발전한다. 즉 만물이 대립통일의 과정을 반복 순환하는 것을 변역이라고 하는 것이다.

노자 역시 모든 만물은 대립면이 존재하며, 대립면을 근거로 존재

---

59 『도덕경』 제25장, "獨立而不改 周行而不殆, 可以爲天下母"

한다고 한다.

유와 무는 서로 낳고, 어려움과 쉬움은 서로 이루어주고, 길고 짧음은 서로 나타내주고, 높고 낮음은 서로 기울고, 음과 소리는 서로 조화하고, 앞과 뒤는 서로 따른다는 것이다.[60]

또 천하 모두가 아름다움을 아름다움으로 알지만 이는 추함일 뿐요, 착함을 착한 것인 줄 알지만 이는 악함일 뿐이라고 한다.[61]

그런데 만물은 대립 상태를 고수하는 것이 아니라 서로 상황이 바뀔 수 있다. 역학易學에서 말하는 음의 기운이 다하면 양의 기운이 시작되고, 양기가 극에 이르면 음기가 시작되는 것과 같은 이치다. 노자는 재앙은 복이 의지하는 곳이고, 복은 재앙이 숨어있는 곳이라고 한다.[62] 일반적인 속담으로 예를 들면 '고진감래' 같은 것이다.

노자의 관점은 사물은 대립관계에서 생기기 때문에 사물을 관찰할 때는 대립 면을 중시해야 한다는 것이다. 무엇이든 극성하면 쇠락하는 전환점이 있게 된다. 그래서 노자는 반대방향으로 변화하는 것이 도의 운동이다[63]라고 말한다.

사물이 극에 이르면 반대 방향으로 가는 것이 도의 운동이라고 했는데, 이렇게 반대 면으로 간 것은 반드시 다시 돌아온다는 것이다. 그래서 도는 오고가는 것을 반복하게 마련이다. 즉 반복 순환하는 것이다. 이것을 '주행周行'이라고 한다.

그러므로 노자는 혼돈스럽게 뒤섞어 이루는 물건은 순환 운행하여 생생불식한다. …… 이것을 억지로 이름 붙여 도라고 한다. 억지로 이

---

60 『도덕경』 제2장, "有無相生 難易相成 長短相形 高下相傾 音聲相和 前後相隨"

61 『도덕경』 제2장, "天下皆知美之爲美 斯惡已 皆知善之爲善 斯不善已"

62 『도덕경』 제58장, "禍兮福之所倚 福兮禍之所伏"

63 『도덕경』 제40장, "反者道之動"

름하여 크다고 한다. 크면 가고, 가면 멀어지고, 멀어지면 돌아온다고 한다.[64] 또 만물이 다투어 일어나지만 그것은 결국 근본으로 돌아감을 나는 안다고도 한다.[65]

### 2) 불역의 상통성

불역은 우주만물이 대립통일의 과정을 쉬지 않고 거듭하는 규율은 절대로 바뀌지 않는 진리라는 것이다.

『도덕경』 제1장에서는 말로써 표현할 수 있는 도는 영원히 변치않는 도(상도常道)가 아니며, 말할 수 있는 이름은 영원히 변치않는 이름(상명常名)이 아니라고 밝히고 있다.

노자가 말하는 '상常'은 바로 『주역』의 우주변화법칙은 절대 변하지 않는 불역을 말하는 것이다.

### 3) 이간의 상통성

이간은 절대 변하지 않는 우주법칙에 따라 쉬지 않고 변화하는 만물의 동태는 자연의 섭리로 누구나 쉽게 알 수 있는 일이라는 것을 말한다.

「계사전」은 "건은 쉬움으로써 주장하고, 곤은 간략함으로써 능하다. 쉬우면 알기 쉽고, 간략하면 따르기 쉬우며, 알기 쉬우면 친함이 있고, 따르기 쉬우면 공이 있으며, 친함이 있으면 오래할 수 있고, 공이 있으면 크게 할 수 있으며, 오래할 수 있으면 현인의 덕이고 크게

---

64 『도덕경』 제25장, "有物混成 …… 周行而不殆 …… 强字之曰道 强爲之名曰大 大曰逝 逝曰遠 遠曰反"

65 『도덕경』 제16장, "萬物竝作 吾以觀其復"

할 수 있으면 현인의 일이다."[66]라고 한다.

『도덕경』 제70장에서는 내말은 몹시 알기 쉽고, 아주 행하기 쉽다고 말한다.[67] 또 제63장에서는 천하의 어려운 일은 반드시 쉬운 일부터 시작된다고 한다.[68]

이간의 함의에 대한 노자의 사상이 아주 쉽게 표현된 대목이다.

---

66 「계사전」, "乾以易知 坤以簡能 易則易知 簡則易從 易知則有親 易從則有功 有親則可久 有功則可大 可久則賢人之德 可大則賢人之業"

67 『도덕경』 제70장, "吾言甚易知 甚易行"

68 『도덕경』 제63장, "天下之難事必作於易"

# 2부

# 『도덕경』 역해

# 제1장 도가도道可道

## 도道는 우주만물의 근원이자 운행법칙이다

**◉원문번역**

도리道理라는 뜻으로 일컬어지는 도는 참된 도가 아니며,
道可道 非常道도가도 비상도

이름으로 불러지는 것은 진정한 이름이 아니다.
名可名 非常名명가명 비상명

무無는 천지가 시작되는 것을 가리키는 것이고,
無 名天地之始무 명천지시

유有는 만물이 나오는 근원을 말한다.
有 名萬物之母유 명만물지모

그러므로 진정한 무로는 천지의 시작이 되는 도의 오묘함을 볼 수 있고,
故常無 欲以觀其妙고상무 욕이관기묘

참된 유로는 도의 작용에 의한 결과를 볼 수 있다.
常有 欲以觀其徼상유 욕이관기교

무와 유는 모두 도에서 나온 것이나 이름만 다른 것이다.
此兩者 同出而異名차양자 동출이이명

도에서 나온 무와 유는 심원해서 알기가 쉽지 않아 오묘하다고 한다.
同謂之玄동위지현

이 오묘하고도 오묘한 것, 즉 무와 유의 도가 만물이 나오는 문이다.
玄之又玄, 衆妙之門현지우현, 중묘지문

◉ 주해

첫 문장에서 처음 나오는 도道는 일반적으로 말하는 도리道理를 말하고, 두 번째 나오는 도는 일컬어진다는 의미로 쓰였으며, 세 번째 도는 법칙 또는 이치라는 의미로 해석한다.

명名 또한 처음 나오는 것은 구체적 사물의 이름을 말하고, 두 번째의 것은 이름을 붙여 부르다는 의미의 동사로 쓰였다. 그리고 마지막의 명은 구체적 사물에 붙인 일반적으로 말하는 이름이 아니라 우주의 법칙인 도를 의미한다는 것이다.

노자가 말하는 도는 우주만물을 구성하는 실체이고, 우주만물이 나오는 근원이며, 만물이 운행하는 법칙이다.

그렇기 때문에 도리道理라는 뜻의 도와는 다른 것이다. 물론 노자가 말하는 도는 우주만물이 존재하기 이전부터 있는 것이므로 도라는 이름도 원래는 없었다.

우주의 법칙으로서 도는 볼 수 없고, 들을 수 없으며, 감각으로 느낄 수 없는 것이지만 분명하게 존재하는 것이다. 노자는 그 법칙이 현묘해서 알 길이 없는 무형무상無形無象의 이 실체에 대해 억지로 '도'라고 이름 붙였다.

노자의 도는 무와 유를 포함하고 있다. 무는 아무것도 없다는 의미의 영(0)이 아니다. 도의 실체가 아직 작용하지 않아서 현실로 나타나지 않은 때의 상황을 말한다.

하지만 무의 상태로 보이는 도는 무한한 창조력을 가지고 있어서 작용하여 우주만물을 낳는 근원이기도 하다. 이때의 도를 노자는 유라고 한 것이다. 즉 도의 본체를 무無라고 하고, 그 작용을 유有라고 한 것이다.

'常'자는 한나라 때의 묘인 마왕퇴馬王堆에서 나온 백서帛書에는 '항

恒'으로 되어 있다. '常'자는 '항상된 도' 또는 '영원히 변하지 않는 도', '참된 도' 등 학자에 따라 여러 해석이 있다.

그러나 노자의 도가 우주의 생성변화 법칙을 말하는 것이므로 '항도'는 '쉬지 않고 변화하는 도'의 의미와, '쉬지 않고 변화하는 만물운행법칙으로서의 도는 절대불변의 영원한 진리'라는 의미를 모두 갖고 있다고 해야 옳다.

1부에서 이미 이야기한 바와 같이 『도덕경』은 우주의 법칙을 밝히고, 이를 바탕으로 인생론과 정치론을 말하는 책이다.

그런데 우주의 법칙은 바로 『주역』에서 말하는 '역易'이며, 역은 멈추지 않고 변화하는 만물의 운행법칙과, 만물운행법칙은 절대 불변의 진리라는 의미가 있다.

우주의 법칙을 밝힌 책으로는 『주역』이 있다. 『주역』은 괘상卦象이라는 부호로 우주가 생성 변화하는 규율을 나타내고 있다. 그 내용이 심오하고 깊어서 사람들이 이해하기 쉽지 않다. 현묘하다고 하지 않을 수 없다.

그런데 노자는 언어로 우주의 운행규율을 표현하고 있으나 스스로가 제1장에서 말하는 바와 같이 우주의 운행 규율을 설명하는 그의 말은 현묘하고 현묘하다. 노자의 언어는 자신이 억지로 이름을 붙인 도라는 개념을 비롯하여 대부분이 추상적인 것들이기 때문이다.

노자의 사상을 이어받아서 발전시킨 장자의 철학 또한 언어로 표현돼있지만 현묘하기는 마찬가지다.

이들 3권의 책은 모두 우주법칙의 심오하고 깊은 내용을 담고 있어서 '삼현三玄'이라고 불린다.

## 제2장 천지개지天地皆知

### 만물은 대립하면서 서로 이루어준다

**◉원문 번역**

세상 사람들이 모두 아름다움이 아름다운 것으로 알지만,

天下皆知美之爲美천하개지미지위미

아름다움에서 추함도 생겨난다.

斯惡已사오이

모두 선함을 선한 것으로 알지만,

皆知善之爲善개지선지위선

선함에서 선하지 않음도 생겨난다.

斯不善已사불선이

유와 무는 서로 낳아주고,

有無相生유무상생

어려움과 쉬움은 서로 이루어주고,

難易相成난이상성

길고 짧음은 드러나게 하고,

長短相形장단상형

높고 낮음은 서로 기울며,

高下相傾고하상경

음과 소리는 서로 조화하며,

音聲相和음성상화

앞과 뒤는 서로 따른다.

前後相隨전후상수

이것이 세상의 변함없는 모습이다.

恒也항야

자연의 법칙이 그렇기 때문에 이를 본받아 성인은 만물에 무엇을 강요하지 않고 저절로 이루어지게 하는 자연무위의 태도로 일을 처리하며,

是以聖人處無爲之事시이성인처무위지사

말없이 베푸는 자연의 가르침을 행한다.

行不言之敎행불언지교

만물을 흥기시키면서도 다투어 만들지 않고,

萬物作焉而不爲始만물작언이불위시

만물을 낳아 기르면서도 가지려 하지 않고,

生而不有생이불유

무엇을 하되 자신의 능력을 믿지 않고,

爲而不恃위이불시

공이 이루어져도 스스로 자랑하고 뽐내지 않는다.

功成而不居공성이불거

바로 자랑하고 뽐내지 않기 때문에 그 공이 사라지지 않는 것이다.

夫唯不居 是以不居부유불거 시이불거

◉ 주해

첫 문장은 사물의 대립관계를 말하는 것이다. 아름다움은 추함이라는 대립면이 있기 때문에 존재한다. 선함의 개념 역시 추함이라는 반

대 개념에 의해서 드러난다.

첫 문장을 '천하 모두가 아름다움을 아름다운 것인 줄 알지만 이는 추함일 뿐이요, 모두 착함을 착한 것인 줄 알지만 이는 악함일 뿐이다'라고 해석할 수도 있다.

이렇게 해석하더라도 만물의 대립관계를 말하는 것에는 차이가 없다. 대립하는 사물은 서로 통한다. 극과 극은 통한다는 말과 같은 의미다. 예컨대 낮과 밤을 보자. 해가 떠서 한 낮을 이루고 이어서 서산으로 지게 되면 밤이 시작되고, 밤이 지나면 다시 낮이 된다. 낮의 극과 밤의 극이 서로 이어져 있는 것이다. 그리고 낮의 밝음은 밤의 어두움으로 드러나고, 어두움은 밝음 때문에 생겨난다.

만물의 대립성을 역학에서는 상반성相反性이라고 한다. 『역경』은 만물이 음과 양의 대립물로 존재함을 보여준다. 64괘 가운데 괘를 바로 하거나 뒤집어도 항상 같은 모양의 괘(이것을 부도전不倒顚괘라고 함) 8개를 제외한 56개 괘는 서로 반대되는 괘다. 예를 들면 건乾괘와 곤坤괘, 태泰괘와 비否괘, 손損괘와 익益괘, 미제未濟괘와 기제旣濟괘 등과 같은 것이다.

그런데 만물은 이렇게 서로 대립하면서 서로 도와서 이루어주는 것이다. 즉 대립물은 상보상성相補相成하는 성질이 있다.

바로 두 번째 문장은 천하 만물은 대립하면서 서로 낳아서 이루어줌을 설명하고 있다.

그리고 이렇게 만물이 대립하면서 서로 이루어주며 그치지 않고 이어가는 것이 변하지 않는 것, 그것이 바로 우주의 법칙이다. 그래서 이것을 '항恒'이라고 한 것이다.

여기서 주의를 기울여야 할 것은 만물은 대립하면서 서로 이루어주며 변화를 거듭하지만, 이렇게 만물이 변화하는 법칙은 홀로 존재하며 불변한다는 점이다. 다시 말해 우주법칙은 대립물이 있지 않고 본래부터 그렇게 홀로 우뚝 존재하는 것이다. 25장에서는 그래서 이것을 홀로 우뚝 서서 영원히 변함이 없으며, 모든 것에 두루 행하여 잠시도 게으르지 않으므로 천하 만물의 근원이라고 한다.

그런데 이 우주법칙인 도는 만물에 대해 억지로 시키지 않고 저절로 이루어지게 두면서도 하지 못하는 일이 없다. 37장에서는 이것을 '무위이무불위無爲而無不爲'라고 설명하고 있다.

노자는 이렇게 앞에서 억지로 하지 않으면서도 만물이 각자 가지고 있는 자질대로 이루어가도록 하는 도를 설명한다.

그리고 이어서 성인도 이런 법칙의 도를 본받아 말없이 이행한다는 것이다. 즉 자연법칙을 제시한 다음 사람도 이것을 준칙으로 삼아서 살아가야 한다는 것을 역설하는 것이다.

# 제3장 불상현不尚賢

**국민을 편안하게 하되 물질적 욕망을 버리게 하라**

**◉원문번역**

재능이 뛰어난 사람을 치켜세우지 않아야 백성이 공명功名을 다투지 않는다.

不尙賢 使民不爭불상현 사민부쟁

얻기 어려운 재물을 귀하게 여기지 않으면 백성이 도적이 되지 않는다.

不貴難得之貨 使民不爲盜불귀난득지화 사민불위도

탐낼 만한 것들을 보이지 않으면 백성이 마음을 어지럽히지 않는다.

不見可欲 使民不亂불견가욕 사민불란

그래서 도를 아는 성인의 정치는 백성의 마음을 맑게 하고,

是以聖人之治 虛其心시이성인지치 허기심

생활이 편안하고 배부르게 하며,

實其腹실기복

마음이 유연하되 견실하게 하고,

弱其志약기지

몸과 정신을 건강하게 한다.

强其骨강기골

언제나 백성으로 하여금 공명을 다투기 위해 속이는 지혜와 귀한 재화를 얻으려는 욕망을 가지지 않도록 해야 하며,

常使民無知無欲상사민무지무욕

스스로 총명하다고 믿는 자들로 하여금 함부로 헛된 짓을 하지 못하도록 해야 한다.

使夫智者不敢爲也사부지자불감위야

강요하지 않고 스스로 이루어지도록 돕는 자연무위를 실천하면 다스려지지 않음이 없다.

爲無爲 則無不治위무위 즉무불치

◉ 주해

상현尙賢은 재능이 뛰어난 사람을 치켜세우는 것을 말한다. 재능이 있는 사람은 대개 자신의 이익만 아는 사람이 많다. 이런 사람은 공명을 얻기 위해 남을 해치는 일을 서슴없이 한다. 이런 백성은 서로 다투기를 일삼는다. 또 이런 사람이 정치가가 되면 정쟁만 일으킬 것이 불을 보듯 뻔하다.

다스리는 자가 얻기 어려운 재화를 귀하게 여기면 백성이 모두 그렇게 되고, 그것을 얻기 위해서는 도둑질을 하게 될 수밖에 없다. 다스리는 자의 욕심이 백성을 도둑으로 몰아가는 것이다.

귀한 물건을 자랑하면 이를 보는 사람이 탐을 내게 되고, 자신도 소유했으면 하는 마음을 품게 될 것이다. 사람에게는 견물생심의 심리가 도사리고 있다.

허虛는 마음이 본래 넓고 분명히 이해하며 편안하고 고요한 상태를 말한다. 단순하게 텅 비어있어서 아무것도 없다는 뜻이 아니다.

약기지弱其志를 단순히 '의지를 유약하게 한다'로 해석하게 되면 '백성의 마음을 가냘프고 미약하게 한다'로 오해하기 쉽다. 여기서 약

弱은 노자가 특별히 말하는 '유약柔弱'의 의미로서 사람의 의지를 유연하면서도 견실하게 한다는 뜻이다.

노자는 40장에서 "유약한 것이 도의 작용이다.(약자도지용弱者道之用)"라고 한다. 그런데 36장에서는 "유약함이 강한 것을 이긴다.(유약승강강柔弱勝剛强)"라고 하며, 76장에서는 "강한 것은 죽음의 무리인데 반해 약한 것은 삶의 무리다.(견강자사지도堅强者死之徒 유약자생지도柔弱者生之徒)"라고 한다.

노자가 말하는 유약은 연약하고 무력하다는 의미가 아니고 그 속에 비할 바 없는 강인함이 들어 있다는 뜻이다. 유약은 사적이고 헛된 욕심으로 가득 찬 무리들이 드러내는 강함에 대응한 말이다. 유약은 계곡을 흐르는 물이나 강과 바다를 이루는 물처럼 유약하지만 견실한 생명 창조의 힘을 가졌다.

무지무욕無知無欲은 속이려는 마음과 다투려는 욕망이 없다는 의미다. 무지를 단순하게 앎이 없다는 말로 이해하면 백성을 무식하게 하라는 것으로 오해할 소지가 다분하다. 노자가 여기서 말하는 지知는 인위적인 사적私的 지식을 말한다. 무욕은 사적 욕망을 채우려는 것을 없애야 함을 말한다. 자연의 법칙을 따라서 더불어 공존하는 자연적인 것, 즉 공욕公欲이 아닌 것을 버려야 한다는 것이다.

위무위爲無爲는 인위적으로 하지 않고 스스로 이루어지도록 하는 자연의 법칙에 따라 일을 처리한다는 말이다. 이렇게 하면 백성은 저절로 다스려진다는 것이다.

57장에서는 다스리는 자인 내가 무위로 하면 백성은 스스로 교화되고, 내가 청정을 좋아하면 백성은 저절로 바르게 되고, 내가 인위적으로 하지 않으면 백성은 저절로 부유해지고, 내가 욕심이 없으면 백성은 저절로 순박해진다고 한다.

이 장은 노자의 정치론으로서 다스리는 자가 사심을 가지지 않고 무위의 태도로 모범을 보이게 되면 백성은 헛된 공명과 재물에 대한 욕심으로 다투지 않으며, 배부르고 편안하게 살아갈 수 있다는 것을 강조하고 있다.

그렇게만 하면 저절로 다스려진다는 것을 일러주고 있다.

# 제4장 도충道沖

**만물의 근원인 도는 비어있는 것 같으나 다함이 없다**

**◉원문번역**

우주만물의 근원이자 만물을 낳는 도는 텅 비어 있는 것 같은데, 그 작용은 그침이 없다.

道沖而用之或不盈도충이용지혹불영

연못처럼 깊기도 하구나!

淵兮연혜

마치 만물의 근원 같다.

似萬物之宗사만물지종

깊은 물처럼 신비하도다.

湛兮잠혜

없는 것 같으나 존재한다.

似或存사혹존

나는 그것이 어디서 나왔는지 모르지만,

吾不知誰之子오부지수지자

하늘보다 먼저 있었던 것 같다.

象帝之先상제지선

◉ 주해

도는 천지보다 앞서 생겨난 것으로 만물을 낳는 근원이다. 도는 볼 수 없고, 들을 수 없으며, 감각으로 느낄 수 없어서 텅 빈 것처럼 생각된다.

하지만 도에서 근원하여 만물이 생겨나서 자라고 소멸하는 천지만물의 생성 변화작용은 멈춤이 없이 지속된다.

도의 이런 모습은 너무 깊고 깊어서 헤아릴 수 없어 현묘하다고 할 수밖에 없다.

노자는 이 현묘한 도가 어디서 왔는지 모르지만 만물을 창조했다는 천제天帝보다 앞선 것으로 말하고 있다.

도는 하늘이 창조한 것이 아니라 본래부터 홀로 우뚝 존재하고 있는 것이다.

사만물지종似萬物之宗과 잠혜湛兮 사이에 좌기예挫其銳 해기분解其紛 화기광和其光 동기진同其塵 네 구절은 56장에도 나오는 대목이다. 학자들은 이 네 구가 여기에 잘못 들어간 것으로 보고 있다. 여기서는 이 부분을 제외했다.

노자는 여기서 우주만물을 낳는 도는 천제天帝보다 앞선 것이라고 한다. 이 말은 어떤 의지를 가지고 있는 신神으로서의 천제 혹은 인격성人格性을 가진 신으로서의 상제上帝를 부정하는 것이다.

즉 천지만물을 낳는 도는 의지와 인격人格을 가진 신이 아니고, 텅 빈 것 같이 보이지만 무한한 작용력을 가진 신비한 존재라는 것이다.

# 제5장 천지불인天地不仁

## 성인은 만물을 편애하지 않는 도를 따른다

◉ **원문번역**

천지는 편애함이 없다.

天地不仁천지불인

다만 만물이 자연스럽게 나와서 자라도록 맡겨둔다.

以萬物爲芻狗이만물위추구

천지의 도를 따르는 성인 역시 편애하지 않는다.

聖人不仁성인불인

성인 또한 백성이 스스로 발전하도록 맡겨둔다.

以百姓爲芻狗이백성위추구

천지의 사이는 바람을 일으키는 풀무와 같아서 비어있는 것 같다.

天地之間 其猶槖籥乎천지지간 기유탁약호

하지만 작용이 다함이 없으며,

虛而不屈허이불굴

작동하면 그치지 않는다.

動而愈出동이유출

다스리는 사람의 교화와 법령이 괴롭고 가혹하면 오히려 금방 패망한다.

多言數窮다언삭궁

그러므로 허정虛靜을 지키는 것만 못하다.

不如守中불여수중

◉ **주해**

천지불인天地不仁은 천지가 어질지 않다는 것이 아니라 편애함이 없다는 뜻이다. 천지는 물리적이고 자연적 존재로서 인간처럼 감정을 갖고 있지 않다. 천지의 운행법칙은 사물에 대해 사랑하여 돌보아 주는 것이 아니라 본래 스스로 존재하도록 맡겨둘 뿐이다. 그러므로 만물은 자연의 법칙에 따라 운행하는 것이다.

이런 자연법칙을 따르는 성인 또한 백성에게 인위적 편애를 가지고 강제하지 않고 스스로 살아가도록 맡겨둔다.

이렇게 만물이 스스로 발전하도록 맡겨두는 천지는 바람을 내는 풀무처럼 텅 비어 있는 것 같지만, 그 작용은 그침이 없다. 이 부분은 앞의 4장에서도 나온 이야기다.

그런데 다스리는 자가 편애하지 않고 만물 스스로 발전하도록 맡겨두는 법칙을 따르지 않고 인위적 교화나 법령을 마구 쏟아내면 백성은 괴롭고 수고스러울 뿐이다. 이렇게 되면 무궁하게 작용하는 자연법칙과는 달리 쉽게 막다름에 이를 수밖에 없다는 것이다.

# 제6장 곡신불사谷神不死

만물을 낳는 도는 영원불멸한다

◉원문번역

곡신이라고도 하는 만물을 낳는 도는 영원히 죽지 않는다.
谷神不死곡신불사

이 영원불멸의 도를 현묘한 암컷이라고 한다.
是謂玄牝시위현빈

만물을 낳는 암컷의 문은 천지의 뿌리라고 할 수 있다.
玄牝之門 是謂天地根현빈지문 시위천지근

만물을 낳는 도는 끊이지 않고 이어지며 무궁무진하게 만물을 낳는다.
綿綿若存 用之不勤면면약존 용지불근

◉주해

곡신이라고 할 때 곡은 만물의 근원이자 만물을 낳는 도를 말한다. 41장에서는 "숭고한 덕은 계곡과 같다.(상덕약곡上德若谷)"고 한다. 덕은 도가 작용하는 것을 표현하는 것이다.

앞장에서 연이어 도는 텅 빈 것 같다고 했는데, 계곡이야말로 텅 빈 것을 대변하는 말이다.

신神은 현묘해서 사람이 이해하기 어려운 상황을 말하는 것이다. 「계사전」에서는 음과 양이 작용하여 만물이 생성 변화하는 이치를 도라고 하며,[1] 음양의 작용은 사람이 헤아리기 어렵기 때문에 '신神'이라고 한다[2]고 밝히고 있다.

그러므로 곡신은 만물을 낳는 신묘한 도가 깊은 골짜기 같다는 의미다.

영원히 죽지 않은 도는 만물을 쉬지 않고 낳기 때문에 암컷이라고 한다. 그런데 만물을 무궁무진하게 낳는 암컷의 작용 또한 현묘하기 짝이 없다. 그래서 현빈玄牝이라고 한다.

여기서 현빈이라고 하는 대목은 노자가 『역경』의 곤괘坤卦의 특성을 발전시킨 개념이다.

곤괘의 괘사에 "암말의 바름이 이롭다."[3]는 구절이 있다. 『역경』에서 이 구절의 본래 의미는 암말과 관련된 일을 점을 친 결과 곤괘가 나왔는데, 그 결과가 길했다는 것이다.

빈마牝馬의 牝은 본래 암컷, 어미라는 뜻이다. 그런데 노자가 牝자에 철학적 의미를 부여했다.

노자가 牝자에 부여한 철학적 의미는 첫째 만물을 낳는 근원이라는 것이다. 6장에서는 "곡신이라고도 하는 만물을 낳는 도는 영원히 죽지 않는다. 이 영원불멸의 도를 현묘한 암컷이라고 한다. 만물을 낳는 암컷의 문은 천지의 뿌리라고 할 수 있다."[4]고 한다.

둘째는 牝의 포용성을 강조하는 것이다. 61장에서는 "큰 나라는 강이나 하천이 흘러드는 하류와 같다. 천하의 암컷으로, 세상의 모든 것이 모이는 곳이다."[5]고 말한다.

노자가 말하는 곡신谷神과 현빈玄牝은 만물을 낳는 도道를 표현한

---

1 「계사전」 상5장, "一陰一陽之謂道"

2 「계사전」 상5장, "陰陽不測之謂神"

3 『주역』 곤坤괘, "利牝馬之貞"

4 『도덕경』 제6장, "谷神不死 是謂玄牝 玄牝之門 是謂天地根"

5 『도덕경』 제61장, "大國者下流 天下之牝 天下之交也"

다. 이 현묘한 암컷은 만물을 낳고 낳는 일을 쉬지 않고 한다. 그리고 텅 빈 계곡의 신은 모든 내와 하천의 물을 받아들이는 바다처럼 포용력이 크다. 그것은 자신을 낮추기 때문이다. 그래서 牝은 겸하 또는 겸손의 의미도 가지고 있다.

## 제7장 천장지구天長地久

### 천지가 영원한 것은 사심이 없기 때문이다

**◉원문번역**

천지는 장구하다.

天長地久천장지구

천지가 영원할 수 있는 것은 모든 일을 자신을 위해서 하지 않기 때문이다.

天地所以能長且久者 以其不自生천지소이능장차구자 이기부자생

그러므로 장구할 수 있는 것이다.

故能長生고능장생

그래서 천지의 이런 이치를 아는 성인은 자신을 내세우지 않지만 그래도 오히려 앞서게 된다.

是以聖人後其身而身先시이성인후기신이신선

또 자신을 도외시하지만 오히려 자신을 보존할 수 있다.

外其身而身存외기신이신존

이것은 성인이 사심私心과 사욕私欲을 버렸기 때문이다.

非以其無私耶시이기무사야

그래서 성인은 오히려 그 자신을 능히 이룰 수 있는 것이다.

故能成其私고능성기사

◉ **주해**

천지는 만물의 근원인 도를 말한다. 16장에서는 천은 도이며, 도는 영원하다고 말한다.

도는 만물을 낳아서 기르되, 각자가 스스로 발전하도록 도와준다. 도는 욕심이 없이 인위적인 무엇을 억지로 하려고 하지 않는다.

도가 낳은 사람은 어미인 도의 무욕의 정신을 이어받아서 무위의 자세로 살아가는 것이 마땅하다.

그러나 대부분의 사람은 이런 천심을 외면한 채 자신을 먼저 생각하고, 더 나아가서는 자신만 살려고 기를 쓴다. 이렇게 모든 사람이 사심과 사욕을 갖고 살게 되면 다툼이 끊이지 않게 되고, 결국에는 모두 패망할 수밖에 없다.

하물며 다스리는 자가 사심과 사욕을 가지고 백성에게 나선다면 그 폐해는 더욱 엄중하게 된다.

# 제8장 상선약수上善若水

최고의 덕은 물과 같다

**◉ 원문번역**

가장 훌륭한 덕은 물과 같다.

上善若水상선약수

물은 만물을 이롭게 하면서도 다투지 않으며,

水善利萬物而不爭수선이만물이부쟁

또 사람들이 싫어하는 곳에 머문다.

處衆人之所惡처중인지소오

그래서 도에 가깝다.

故幾於道고기어도

이런 물과 같은 덕을 가진 사람은 낮은 땅에 처하기를 잘하고,

居善地거선지

마음을 씀에 있어서는 깊고도 고요하며,

心善淵심선연

베풀어줌에 있어서는 어진 마음으로 하며,

與善仁여선인

말을 함에는 신실함이 있고,

言善信언선신

다스리는 것은 간소하게 잘 하고,

政善治정선치

일을 처리함에는 능력에 잘 맞추고,

事善能사선능

행동을 할 때는 때를 잘 파악한다.

**動善時**동선시

오로지 다투지 않는 미덕이 있으므로 허물이 없는 것이다.

**夫唯不爭 故無尤**부유부쟁 고무우

◉ **주해**

물의 성질은 부드러우며, 낮은 곳에 머무는 것이다. 그러면서도 만물을 이롭게 하고도 다투려하지 않는다.

노자는 이런 물의 특성을 가지고 최고의 덕인 도에 비유했다.

그래서 물과 같은 덕을 가진 사람은 남들이 가지 않으려는 곳을 솔선하여 가고, 사람들이 하기 싫어하는 일도 자처한다. 자신이 힘들어도 남을 위해 베풀지만 공이나 명리를 다투지 않는다.

만물을 이롭게 하고도 다투지 않는 물을 들어서 인생론을 설파하고 있다.

여기서는 『주역』에서 가장 중요한 개념인 시時를 언급하고 있는데 주의를 기울일 필요가 있다.

『주역』은 시간과 공간으로 구성된 우주가 생성 변화하는 법칙을 괘상으로 나타낸 것이다. 그러므로 우리는 괘상을 보고 시간과 공간의 변화 상황을 읽어내야 한다. 이 시간과 공간의 변화 상황을 파악하여 길함과 흉함, 즉 얻음과 잃음을 추단할 수 있다.

그런데 길과 흉에 영향을 미치는 중요도는 시간이 더 크다. 왜냐하면 공간적인 상황에서는 혹시 흉함이 있더라도 바로잡을 수 있는 기회가 있다. 그러나 시간적인 상황은 다르다. 즉 때를 놓치면 다시 회복할 수 있는 기회가 없기 때문이다. 그래서 주역에서는 때를 아주 중요하게 여기는 것이다.

예를 들어 건乾괘 「문언전」에는 "하늘에 앞서 해도 하늘이 어기지 아니하며, 하늘을 뒤따라 해도 하늘의 때를 따른다."[6]라고 하고, 「계사전」에서는 "때를 기다려 움직이니 어찌 이롭지 않음이 있겠는가?"[7]라고 한다. 또 간艮괘 「단전」은 "움직이고 고요함에 때를 잃지 않으면 그 도가 빛날 것이다."[8]라고 하고, 손巽괘·익益괘·소과小過괘의 「단전」은 "때와 함께 움직인다."[9]라고 한다. 이처럼 주역은 때를 강조하고 중요하게 여기고 있다.

그런데 노자는 이 장에서 '움직일 때는 때를 잘 파악한다(動善時)'는 말을 꺼내고 있다. 노자의 시時 관념과 『주역』의 그것이 일맥상통하는 대목이다.

---

6 『주역』 건乾괘 「문언전」, "先天而天弗違 後天而奉天時"

7 「계사전」 하5장, "待時而動 何不利之有"

8 『주역』 간艮괘 「단전」, "動靜不失其時 其道光名"

9 『주역』 손損괘·익益괘·소과小過괘 「단전」, "與時偕行"

# 제9장 지이영지持而盈之

공을 이루면 물러남이 자연의 이치다

◉ 원문번역

가지고도 계속 채우려는 것은 알맞은 때 그만두는 것만 못하다.
持而盈之 不如其已지이영지 불여기이

쇠를 두드려 날카롭게 하면, 그 상태를 오래 보존할 수 없고,
揣而銳之 不可長保췌이예지 불가장보

금과 옥의 보화가 집에 가득해도 능히 지키기 어렵기 때문이다.
金玉滿堂 莫之能守금옥만당 막지능수

부귀하다고 교만하면, 스스로 허물을 남기는 것과 같다.
富貴而驕 自遺其咎부귀이교 자유기구

공이 이루어지면 물러나는 것이 자연의 이치이다.
功遂身退 天之道也공수신퇴 천지도야

◉ 주해

자연의 법칙은 무위와 무욕이다. 그런데 사람들은 이런 이치를 모르고 만족할 줄 모른 채 계속하여 더 가지려고 한다. 과욕은 끝이 없어서 채울 수도 없거니와 설사 넘치도록 가졌다고 해도 그것을 지켜내기는 더욱 어렵다.

더구나 넘치도록 가지고 교만하면 화와 근심을 불러올 뿐이다. 적절한 때를 알아 멈추고, 물러날 줄 아는 것이 스스로를 보전하는 상

책이다.

1년의 사시사철 중에서 봄이 장구하지 못하고 여름에 자리를 내주어야 하며, 여름 또한 가을에게 밀려나고, 가을은 겨울이 오면 퇴장하는 것이 자연의 법칙이다.

그래서 『주역』 건乾괘 상육上六 풀이글은 "하늘 끝까지 올라간 용은 후회한다."[10]고 했다.

공을 이루고 물러나서 스스로를 보전한 고사는 많다.

범려范蠡는 춘추시대 말기 월나라 왕 구천句踐을 도와 맹주의 자리에 이르도록 한 공신이다. 당시 월왕 구천은 오나라 왕 부차夫差에게 패하여 오나라 노예로 붙잡혀 갔다. 이때 범려가 미녀 서시西施를 부차의 비로 들여보내 주색에 빠지게 한 뒤 구천을 구했다. 그리고 구천이 와신상담의 노력 끝에 오나라를 멸망시키도록 한 고사의 장본인이기도 하다. 하지만 범려는 구천이 맹주가 되자 부귀와 명예를 버리고 홀연히 떠나버렸다.

장량張良은 한나라 고조를 도와 천하통일을 이루도록 한 공신이다. 초나라 왕 항우項羽의 백만 대군이 장량의 피리소리를 듣고 하루 밤 사이에 모두 흩어졌다는 고사로 널이 알려졌다. 장량은 한나라가 천하를 통일하자 역시 부귀영화를 버리고 은둔해버렸다. 하지만 같은 천하통일의 공신이었던 한신韓信은 떠날 때를 모르고 있다가 모반죄를 쓰고 무참히 살해됐다.

장자의 경우는 부귀공명의 욕심 자체를 버리고 낮추고 소박하게 살면서 자연과 함께 노닌 본보기이다.

중국 전국시대 초楚나라 위왕威王은 장자가 어질다는 소문을 듣고

---

10 『주역』 건乾괘 상구효사, "亢龍有悔"

사신을 통해 후한 재물을 보내어 재상으로 초빙했다. 장자는 사신에게 웃으면서 말했다.

"천금은 무거운 이익이고 재상은 높은 자리이다. 그대는 어찌하여 제사를 지낼 때 제물로 바치는 소를 보지 못했는가? 여러 해 동안 기르고 먹이며 무늬와 수를 놓은 좋은 옷을 입혀서 제왕의 사당인 태묘에 들어가게 하지만, 이때가 돼서 외로운 돼지가 되고자 한들 어떻게 그렇게 될 수가 있겠는가? 그대는 어서 돌아가시오. 나를 더럽히지 마시오. 나는 차라리 더러운 도랑에서 노닐며 스스로 기뻐할지언정 나라를 가진 자에게 얽매이지 않을 것이오. 죽을 때가지 벼슬하지 않고 내 뜻을 즐겁게 할 것이오."[11]

노자는 이 장에서 과욕으로 스스로를 망치고, 공을 이룬 뒤 물러날 때를 몰라서 화를 자초하는 것이 자연의 법칙을 따르지 않기 때문이라고 가르치고 있다.

이 장의 내용은 『역전』에서도 언급하고 있다. 건괘乾卦 「문언전」은 "세상을 좋게 하고도 공로를 자랑하지 않는다."[12]고 하며, "세상에 따라 변치 않으며, 명성을 이루려 하지 않아 세상에 은둔하되 근심하지 않으며, 남에게 인정받지 못해도 근심하지 않는다."[13]고 한다.

---

11 『사기: 노자한비열전』, "千金重利 卿相尊位也 子獨不見郊祭之犧生乎 養食之數勢 衣以文綉 以入大廟 當是之時 雖欲爲孤豚 豈可得乎 子亟去 無汚我 我寧游戲汚瀆之中自快 無爲有國者所羈 終身不仕 以快吾志焉"

12 『주역』 건乾괘 「문언」, "善世而不伐"

13 『주역』 건乾괘 「문언」, "不易乎世 不成乎名 遯世無悶 不見是而無悶"

# 제10장 재영백載營魄

**자신을 닦은 뒤에 다스릴 수 있다**

**◉원문번역**

정신과 육신을 하나로 합쳐서 분리되지 않도록 할 수 있는가?
載營魄抱一 能無離乎재영백포일 능무이호

기를 모아 몸을 부드럽게 하는 것을 갓난아이의 상태처럼 할 수 있는가?
專氣致柔 能如嬰兒乎전기치유 능여영아호

마음을 깨끗이 닦아 깊이 관조하는 것을 흠이 없게 할 수 있는가?
滌除玄鑒 能無疵乎척제현감 능무자호

백성을 아끼고 나라를 다스림에 있어 무위자연의 방법으로 할 수 있는가?
愛民治國 能無爲乎애민치국 능무위호

감각기관을 통해 외부와 접촉하면서 암컷의 고요함을 유지할 수 있는가?
天門開闔 能無雌乎천문개합 능무자호

모든 방면에 통달하면서 계략을 쓰지 않을 수 있는가?
明白四達 能無知乎명백사달 능무지호

**◉주해**

재載는 말을 꺼내기에 앞서 특별한 의미 없이 하는 발어사로 '대저(夫)'와 같은 용도로 쓰였다. 영백營魄은 혼백魂魄의 뜻이다.

첫 문장의 하나(一)는 천지만물을 창조하는 도를 말한다.

그런데 사람에게 있어서 정신과 육체는 별개인 것 같지만 사람을 구성하는 1체 양 면이다. 그리고 정신과 육체로 구성된 사람에게는 이 양 면을 하나로 묶어서 주재하는 도의 본심이 존재한다. 도가 하나를 낳고, 하나가 둘을 낳고, 둘이 셋을 낳으며, 셋이 만물을 이룬다고 했다. 그리고 만물은 음을 등에 지고 양을 포용하여 충기沖氣로 조화를 이룬다. 여기서 충기는 도의 본성을 말하는 것이다. 즉 만물은 음과 양의 조화로 구성되는데, 이것을 중심 잡아 묶어주는 것은 도의 본성이라는 것이다.

역학易學에서도 만물은 태극에서 발전하지만 각각의 만물은 태극을 포함하고 있다고 한다. 이른바 만물각구일태극萬物各具一太極이라고 하는 것이다.

그러므로 사람은 정신과 육체가 합쳐서 이루어졌지만 천지만물의 근원으로서의 도를 벗어나서는 안 된다는 것을 말하는 것이다.

두 번째 문장은 유약하지만 강한 것을 이기고 만물을 낳아 기르는 생명의 원천인 도의 작용을 따르도록 해야 한다는 것을 말한다.

세 번째 문장은 사람의 마음은 곧 도의 허정한 마음을 본받는데 있어서 흠 잡을 바 없이 제대로 하라는 것이다.

그리고 문맥상 순서가 바뀐 것으로 보이는 다섯째 문장은 감각기관을 통해 외부와 접하면서도 청정심을 잃어서는 안 되며, 마지막 문장은 만사에 통달하는 재능이 있을 지라도 사욕을 위해 계략을 쓰지 말아야 한다는 것을 지적하고 있다.

이렇게 자신을 수양한 다음에 자연의 무위無爲 방식으로 백성을 다스려야 한다는 것이다.

노자는 이 장에서 사람의 수양론을 강조하고 있다.

## 제11장 삼십복三十輻

**유와 무로 인하여 온전함을 이룬다**

**◉원문번역**

서른 개의 바퀴살이 모여서 수레바퀴통이 되지만,

三十輻共一轂삼십복공일곡

수레바퀴통의 중간이 비어있기 때문에 수레가 굴러갈 수 있다.

當其無 有車之用당기무 유차지용

찰흙을 이겨서 그릇을 만들지만,

埏埴以爲器선식이위기

그릇 속이 비어있어야 그릇으로 쓸 수 있다.

當其無 有器之用당기무 유기지용

문과 창을 뚫어서 방을 만들지만,

鑿戶牖以爲室착호유이위실

방안이 비어 있어야 방으로 쓸 수 있다.

當其無 有室之用당기무 유실지용

그러므로 유는 이로움을 주고,

故有之以爲利고유지이위리

무는 기능을 하도록 한다.

無之以爲用무지위용

◉ 주해

복輻은 수레바퀴의 둥근 통을 이루는 둘레와 수레의 축이 들어가는 중심부 사이를 연결하는 살을 말한다. 옛날 수레바퀴에는 30개의 살이 들어가는 데, 이는 한 달이 30일인 것에 연유한다고 한다.

선식埏埴은 흙을 이겨서 반죽한다는 의미다.

이 장에서는 세상의 물건이 온전한 쓰임을 가지려면 무와 유가 서로 어우러져야만 가능하다는 것을 말하고 있다.

유와 무라는 개념은 이미 1장과 2장에서 언급됐다. 그런데 1장에서 말하는 유와 무는 형이상적 의미로 쓰였다. 즉 천하 만물의 시작이고, 만물을 낳는 근원인 도는 무와 유가 포함된다. 이때의 유무는 무형무상의 초현상계에 대한 개념이다.

2장에서 나오는 유무는 형이하적 의미, 즉 현상계를 말한다. 역시 여기 11장에서 언급하는 유무도 현상계의 유무를 말한다.

그런데 현상계의 유무는 대립되는 개념이면서 또 서로 상생하고, 서로 보충하여 이루어주는 작용성을 가지고 있다.

그러므로 유와 무는 서로 의존하면서 온전함을 이룬다.

하지만 사람들은 드러나서 눈에 보이는 유의 쓰임이나 역할은 쉽게 지각하면서 무형인 물건의 쓰임이나 작용이 크다는 것을 잘 모르기 일쑤다.

노자는 그래서 세 가지의 경우를 들어서 유와 무가 서로 의존하면서 온전한 하나를 이룬다는 것을 말하고 있다.

# 제12장 오색五色

### 물욕은 편안한 삶은 해친다

### ◉ 원문번역

온갖 색깔은 사람의 눈을 어지럽게 만든다.

**五色令人目盲**오색령인목맹

온갖 소리는 사람의 귀를 멀게 한다.

**五音令人耳聾**오음령인이롱

온갖 맛은 사람의 혀가 맛을 못 느끼게 한다.

**五味令人口爽**오미령인구상

말을 달리며 즐기는 사냥은 사람의 마음을 방탕하게 한다.

**馳騁畋獵令人心發狂**치빙전렵령인심발광

희귀한 재물은 사람의 행동을 어지럽힌다.

**難得之貨令人行妨**난득지화령인행방

그래서 도를 아는 성인은 편안하고 배부름만을 구하고 욕망을 좇지 않는다.

**是以聖人爲腹不爲目**시이성인위복불위목

그러므로 물욕의 유혹을 버리고 만족하는 생활을 유지한다.

**故去彼取此**고거피취차

### ◉ 주해

위복불위목爲腹不爲目에서 복腹은 안으로서 몸을 말하고, 목目은 밖으로서 사물을 말한다.

그래서 위복爲腹은 편안하고 배부르게 하며(실기복實其腹), 몸과 정신을 건강하게 하는 것(강기골强其骨)을 말하고, 불위목不爲目은 마음을 청정하게 하고(허기심虛其心), 의지는 유연하되 견실하게 하는 것(강기지弱其志)을 이른다.

즉 배를 위하는 것은 안으로 안정되고 명리를 추구하지 않는 간단하고 청정한 생활을 구하는 것이고, 눈을 위한다는 것은 밖으로 탐욕적인 생활을 추구하는 것이다.

그러므로 지나친 물욕의 추구는 눈을 멀게 하고(목맹目盲), 귀를 먹게 하며(이롱耳聾), 혀가 맛을 모르게 하고(구상口爽), 사람의 마음을 방탕하게 하는 것(발광發狂)이다.

노자가 살던 시대의 위정자들은 관능적 자극을 추구하고, 출세를 위해 날뛰고, 방탕을 일삼는 등 탐욕적 생활에 빠져 있었다. 다스리는 자들의 이런 물욕에 빠진 생활은 결국엔 끝없는 욕망으로 스스로는 물론 나라를 망치고, 백성을 도탄에 몰아넣게 된다. 53장에서는 당시의 이런 상황에 대해 도적의 두목으로 도라고는 찾아 볼 수 없다고 비판하고 있다.

노자의 메시지는 당시에만 해당되는 것이 아니다. 오늘 우리 현실에서는 더욱 절감되는 말이 아닐 수 없다. 물질만능과 관능추구의 세태는 가진 자와 권력자들은 물론 일반인에게까지 퍼져서 정신적 평안과 안정을 팽개치고 살고 있다.

그 결과는 속이고, 빼앗고, 그것도 모자라 피터지게 싸우고, 죽이고 죽이는 일이 밥 먹 듯 일어나고 있다.

# 제13장 총욕寵辱

## 내 몸을 천하만큼 중히 여겨라

◉ **원문번역**

사람들은 총애를 받거나 수모를 당하는 것을 놀라서 당황하는 것처럼 한다.

寵辱若驚총욕약경

몸을 중시하는 것은 환란을 당한 것처럼 중시한다.

貴大患若身귀대환약신

총애를 받고 욕을 받으면 놀라서 당황하는 것처럼 한다는 것은 무엇을 말하는가?

何謂寵辱若驚하위총욕약경

총애를 받는 것은 하등한 것이다.

寵爲下총위하

총애를 얻으면 놀란 것 같이 하고,

得之若驚득지약경

그것을 잃어도 놀라 당황한 듯이 한다.

失之若驚실지약경

이것이 총애을 얻거나 욕을 당했을 때 감짝 놀라 당황한 듯이 한다는 말이다.

是謂寵辱若驚시위총욕약경

무엇을 가리켜 몸을 중시하는 것을 큰 환란을 중시하는 것처럼 한다는 것인가?

何謂貴大患若身하위귀대환약신

나에게 환난이 있는 까닭은 내가 몸을 가지고 있기 때문이다.
吾所以有大患者 爲吾有身오소이유대환자 위오유신

만약에 내 몸이 없다면 나에게 무슨 큰 환란이 있겠는가?
及吾無身 吾有何患급오무신 오유하환

그러므로 자기 몸을 천하만큼 귀하게 여긴다면 천하를 그에게 맡길 수 있고,
故貴以身爲天下 若可寄天下고귀이신위천하 약가기천하

자기 몸을 천하만큼 아낀다면 천하를 그에게 맡길 수 있는 것이다.
愛以身爲天下 若可託天下애이신위천하 약가탁천하

◉ 주해

노자는 사람이 누구에게 총애를 받는 것이 좋은 것이 아니라고 보고 있다.

총애를 받는 사람은 마음속에 총애가 특별한 영광이라고 생각하고, 혹시나 그것을 잃지 않을까 걱정한다. 그래서 자신에게 총애를 준 사람에게 황공해하며 두려워하며 뜻을 곡해하므로 자아의 인격적 존엄이 자신도 모르게 위축되어간다.

그런데 총애를 받은 적이 없는 사람은 어떤 사람 앞에서든 교만하게 서서 자신의 인격이 독립되고 완전하도록 유지할 수 있다.

그래서 총애를 받는 것은 천한 것이고, 결코 영광스러운 것이 아니다. 그리고 욕을 당하는 것은 곧 자존심을 상하게 하는 것이다.

보통 사람들은 이렇게 총애를 받거나 욕됨에 대해 큰 환란을 당한 것 같은 태도를 보인다. 심지어는 총애나 욕됨을 자신의 생명보다 중

시한다.

하지만 총애를 받는 것이나 욕됨을 당하는 것이 자신의 몸보다 더 중요하지는 않다.

그래서 노자는 오히려 자신의 몸을 아끼기를 큰 환난을 당한 것처럼 하라고 하는 것이다. 44장에서는 명성과 생명을 비교하면 어느 것이 더 절친한가? 라고 반문한다. 또 26장에서는 자신의 몸을 경시하는 군주에 대해 책망하고 있다.

노자가 이 장에서 전하는 메시지는 자기 한 몸의 부귀영화나 빈천굴욕 같은 외형적 굴욕에서 벗어나 참다운 자아를 발견하여 천하만큼이나 아낄 때 비로소 무위자연의 도를 깨달을 수 있다는 것이다. 그리고 이런 사람이라야 천하를 맡아 운영할 수 있다는 것이다.

## 제14장 시지불견視之不見

### 도는 말로 형용할 수 없으나 위대하다

**◉원문번역**

그것을 보려고 해도 보이지 않아서 이夷라고 하며,

視之不見 名曰夷시지불견 명왈이

들으려고 해도 들리지 않아서 희希라고 하고,

聽之不聞 名曰希청지불문 명왈희

잡으려고 해도 잡을 수 없어서 미微라고 부른다.

搏之不得 名曰微박지부득 명왈미

이 세 가지의 형상은 규명할 길이 없다.

此三者不可致詰차삼자불가치힐

그것은 본래부터 하나로 뒤섞여 있기 때문이다.

故混而爲一고혼이위일

그것의 위는 밝지 않으며,

其上不皦기상불교

아래도 어둡지 않고,

其下不昧기하불매

끝없이 이어지는데 어떻게 묘사할 수 없으며,

繩繩兮不可名승승혜불가명

아무것도 없는 곳으로 돌아간다.

復歸於無物복귀어무물

이것을 형상 없는 형상이라고 하고,

是謂無狀之狀시위무상지상

아무것도 없는 모습이라고 한다.
無物之象무물지상

이것을 황홀이라고 한다.
是謂惚恍시위홀황

그것을 앞에서 맞이해 보아도 머리를 볼 수 없고,
迎之不見其首영지불견기수

뒤따라가 보아도 그 뒤를 볼 수가 없다.
隨之不見其後수지불견기후

그렇지만 이미 존재하는 이것(도)을 가지고 현재의 구체적 사물을 다스린다.
執古之道 以御今之有집고지도 이어금지유

이것으로 능히 우주의 시작을 알 수 있으므로 도의 규율이라고 한다.
能知古始 是謂道紀능지고시 시위도기

◉ 주해

색이 없는 것을 이夷, 소리가 없는 것을 희希, 형체가 없는 것을 미微라고 한다. 이·희·미는 모두 감각기관으로는 파악할 수 없는 도道의 모습을 표현하기 위해 쓰였다.

앞서 6장에서는 도는 죽지 않고 영원히 존재하는 것이라고 한데 이어 8장에서는 도가 유연하면서도 강한 것을 이기는 성질을 물에 비유했다.

이 장에서는 도가 보려고 해도 보이지 않고, 들으려고 해도 들리지 않으며, 잡으려고 해도 잡을 수 없는 추상성을 가지고 있음을 말하고 있다.

도는 명확한 형체가 없어서 묘사할 방법이 없기 때문에 그저 황홀하다고 할 수밖에 없다. 노자는 도를 현묘하다고도 했다.

하지만 이 도는 옛날부터 있었고, 도로 인하여 세상만물이 운행된다. 그리고 도를 궁구하면 우주의 시원을 알 수 있다. 그래서 도를 '도기道紀'라고 한다는 것이다.

노자가 말하는 도의 추상성은 『역경』을 해설한 『역전』에서는 '형이상形而上'이라고 한다. 이는 『역전』이 노자의 사상을 받아들인 것으로 추정할 수 있게 하는 대목의 하나다.

## 제15장 고지선위사古之善爲士

### 도를 행하는 자는 욕심을 내지 않는다

◉**원문번역**

옛날에 도를 잘 행한 사람은 미묘하게 통달하여 그 심오함을 헤아리기 어렵다.

古之善爲士者 微妙玄通 深不可識고지선위사자 미묘현통 심불가식

헤아릴 수 없어서 그 모습을 억지로 묘사할 뿐이다.

夫唯不可識 故强爲之容부유불가식 고강위지용

조심스럽고 신중함은 겨울에 강을 건너는 듯하다.

豫兮若冬涉川예혜약동섭천

근신하고 경계함은 사방을 경계하는 듯하다.

猶兮若畏四鄰유혜약외사린

엄숙하고 진중함은 손님이 된 것 같다.

嚴兮其若容엄혜기약용

융화하고 친함은 얼음이 녹는 듯하다.

渙兮其若釋환혜기약석

돈후하고 순박함은 아직 다듬지 않은 통나무 같다.

敦兮其若樸돈혜기약박

광활함은 깊은 산의 계곡 같다.

廣兮其若谷광혜기약곡

혼탁하여 소탈함은 흐린 물과 같다.

混兮其若濁혼혜기약탁

누가 혼탁한 물을 고요히 안정시켜 맑아지게 할 수 있는가?

孰能濁以靜之徐清숙능탁이정지서청

누가 안정된 것을 움직여서 생기를 살아나게 할 수 있는가?

孰能安以久動之徐生숙능안이구동지서생

이러한 도리를 지키는 사람은 가득 채우려고 하지 않는다.

保此道者 不欲盈보차도자 불욕영

오직 가득 채우려하지 않기 때문에 해진 것 그대로이지 새로운 어떤 것을 이루려하지 않는다.

夫唯不盈 故能蔽而不新成부유불영 고능폐이불신성

◉ 주해

예혜豫兮는 느릿하게 의심하면서 신중하게 한다는 의미다. 섭대천涉大川은 옛날 사람들이 쓰던 관용적 표현으로, 큰 내를 건너는 사람은 조심스럽고 두려운 마음에 반드시 천천히 움직이는 것을 말한다.

유혜猶兮는 경각심을 갖고 두려워하는 모습을 표현하는 말이다.

엄혜嚴兮는 단정하고 조심스러우며 장중함을 형용한다.

환혜渙兮는 풀어지는 모양이다.

이 장은 도를 깨닫고 잘 실천하는 사람을 묘사했다.

도는 심오하여 사람의 감각으로 확인하기 어렵다. 그러니 도를 알고 실천하는 사람 또한 고요하고 깊어서 예측할 수 없다.

하지만 도를 알고 행하는 사람의 모습은 항상 근신하고, 경계하며, 엄숙하면서도 돈후하고 순박하다.

그러므로 도를 실천하는 사람은 혼탁한 물을 고요하게 하여 서서히 맑아지게 할 수 있고, 가만히 있는 것을 움직여 생기가 돋아나게 할 수 있는 것이다.

여기의 내용은 군자나 성인이 가져야할 태도와 모습을 강조하는 『주역』과 통하는 부분이다.

『주역』 건乾괘 구삼九三 효사는 "군자가 종일 힘쓰고 노력하며, 저녁에도 두려워하면 위태로워도 허물이 없을 것이다."[14]라고 한다.

또 이履괘 구사 효사는 "호랑이 꼬리를 밟았으나 두려워하고 두려워하면 마침내 길하다."[15]고 한다.

비否괘 구오 효사에는 "망할까 말할까 두려워하여야 뿌리가 탄탄한 뽕나무에 매어놓은 것같이 편안하다."[16]고 한다.

「계사전」에서는 "말과 행실은 군자가 천지를 움직이는 것이다. 어찌 삼가지 않을 수 있겠는가?"[17]라고 한다.

---

14 『주역』 건乾괘 구삼, "君子終日乾乾 夕惕若 厲 無咎"
15 『주역』 이履괘 구사, "履虎尾 愬愬 終吉"
16 『주역』 비否괘 구오, "…… 其亡其亡 繫于苞桑"
17 「계사전」 상8장, "言行君子之所以動天地也 可不愼乎"

## 제16장 치허극致虛極

### 마음을 비우고 고요히 하면 위태롭지 않다

**◉원문번역**

마음 비우기를 극진히 하고,

致虛極치허극

고요함 지키기를 독실하게 하라.

守靜篤수정독

만물이 다투어 생겨나지만 알고 보면 결국 근본으로 돌아간다.

萬物竝作 吾以觀復만물병작 오이관복

만물이 무성하지만 각자 그 뿌리로 돌아간다.

夫物芸芸 各復歸其根부물운운 각복귀기근

이렇게 뿌리로 돌아가는 것을 고요함이라고 한다.

歸根曰靜귀근왈정

고요함을 천명으로 돌아간다고 한다.

靜曰復命정왈복명

천명으로 돌아가는 것을 영원한 도라고 한다.

復命曰常복명왈상

영원한 도를 아는 것을 명이라고 한다.

知常曰命지상왈명

사람이 영원한 도를 모르면 경거망동으로 재앙을 부른다.

不知常 妄作凶부지상 망작흉

영원한 도를 아는 사람은 모든 것을 포용할 수 있고,

知常容지상용

모든 것을 포용하면 공평해지고,

容乃公용내공

공평해지면 두루 미치지 않는 바가 없다.

公乃全공내전

미치지 않는 바가 없게 되고나서 비로소 자연에 부합할 수 있고,

全乃天전내천

자연에 부합해야 도에 부합할 수 있다.

天乃道천내도

도를 알고 나야 장구할 수 있고,

道乃久도내구

마침내 죽을 때까지 위태롭지 않을 수 있다.

沒身不殆몰신불태

◉ 주해

치허극致虛極은 마음 비우기를 극진히 하는 것이고, 수정독守靜篤은 고요함을 독실하게 지킨다는 것이다.

그런데 천지만물의 시작이자 근원인 도는 감각으로 확인 할 수 없으며, 그 모습이 텅 빈 것(허) 같고, 고요하다(정)고 했다.

사람이 이렇게 도의 모습을 닮으려고 지극히 노력하면 천하 만물이 다투어 생겨나서 무성함을 뽐내지만 결국은 각자 나온 뿌리로 돌아가는 이치를 알 수 있게 된다.

이렇게 천하 만물이 나온 곳으로 돌아가고, 다시 나와서 돌아가는 것이 영원히 변하지 않는 이치, 즉 상도常道라는 것이다.

이 상도를 알게 되면 천하의 모든 일을 포용하게 되고, 자연의 이치에 부합할 수 있다. 도는 영원하므로 도를 터득하면 장구할 수 있기 때문에 위태로움에서 벗어날 수 있다는 것이다.

이 장에서 말하는 허와 정은 『주역』의 곤坤괘의 특성과 상통하는 부분이다.

곤괘 「문언전」은 "곤은 지극히 고요하나 그 덕은 바르다."[18]고 하며, 「계사전」은 "강함과 부드러움은 움직임과 고요함에서 생긴다."[19]고 말한다.

이렇게 보면 허정한 모습으로 보이는 노자의 도는 『주역』 곤괘의 덕을 그대로 닮았음을 알 수 있다.

'오이관복吾以觀復' 이라는 말에서 복은 만물이 생겨나서 번성한 뒤에는 각자가 나온 곳, 즉 근원으로 돌아가는 것을 말한다. 이것은 『주역』의 반복 순환 이치와 같은 의미다.

노자는 도의 허정한 모습을 터득하여 욕심을 버리면 영원한 평안을 얻을 것이라고 가르치고 있다.

---

18 『주역』 곤坤괘 「문언전」, "坤 至靜而德方"

19 「계사전」, "剛柔生於動靜"

# 제17장 태상太上

## 충심이 없는 정치는 백성이 불신한다

**◉원문번역**

가장 좋은 시대는 백성이 나라에 군주가 있는 줄만 안다.

太上 下知有之태상하지유지

그 다음은 백성이 군주를 친밀하게 느끼고 찬미한다.

其次 親而譽之기차친이예지

그 다음은 백성이 군주를 두려워한다.

其次 畏之기차외지

마지막은 백성이 군주를 경멸하고 싫어한다.

其次 侮之기차모지

군주가 신실함과 성실함이 부족하면, 백성은 그를 믿지 않는다.

信不足焉 有不信焉신부족언 유불신언

최고의 군주는 한가롭고 편안하게 만족하지만, 가볍게 법령을 내려 시행하지 않는다.

悠兮 其貴言유혜 기귀언

일이 이루어지고 나면 백성은 '우리는 본래부터 이랬다'고 말한다.

功成事遂 百姓皆謂 我自然공성사수 백성개위 아자연

**◉주해**

태상太上은 가장 높은 혹은 가장 좋은 의미로써 여기서는 가장 좋은 시대를 말한다.

하지유지下知有之는 백성이 단지 군주의 존재만 안다는 의미로 쓰였다.

유혜悠兮는 한가하고 스스로 편안하게 만족하는 모양을 말한다.

귀언貴言은 군주가 명령을 내리고, 법령을 시행함에 있어 가볍게 하지 않고 신중하게 하는 것을 말한다.

노자가 살던 시대의 상황을 이해하면 노자가 지향하던 이상적 정치의 모습을 상상할 수 있다.

왕과 신하인 제후, 제후와 그 신하인 경대부, 경대부와 그 가솔인 사의 계급은 신의를 버리고 서로 속이고 죽이며 권력과 부귀를 다툰다. 세태가 이러니 온 세상이 도탄에 빠지고 백성은 믿고 기댈 곳이 없다. 오죽하면 당시의 가혹한 정치가 부모를 잡아먹은 호랑이보다 무섭다고 하는 말이 나왔겠는가?(가정맹어호苛政猛於虎)[20]

노자는 다스리는 자가 신의와 성실성이 있어야 하며, 백성을 위해 최선을 다하고, 백성을 조금도 핍박하지 않고 자연무위의 마음과 자세로 정치를 하는 것을 최고로 생각했을 것이다.

그러니 가장 좋은 정치는 요와 순이 다스리던 때와 같이 백성이 나라에 임금이 있는 줄은 알지만 임금의 권세가 전혀 자신들에게 영향을 미치지 않는 것이다.

임금이 자연무위의 방식으로 백성을 다스리면 백성들도 부지불식간에 그 덕화를 입게 되고, 임금이 있다는 사실조차 잊게 될 것이다. 그래서 백성은 '해가 뜨면 나아가서 일하고, 해가 지면 들어와서 쉬고, 우물 파서 물을 마시고, 밭을 갈아 내가 먹는데, 임금의 힘이 나에게

---

20 『예기: 檀弓』 참조.

어찌 미치랴'라고 땅을 치며 노래를 부지지 않을 수 없는 것이다.

이런 무위자연의 정치가 아니고 엄한 형벌과 준엄한 법으로 백성을 진압하는 것은 다스리는 자의 신의와 성실함이 없는 것이다. 이런 군주는 백성들로부터 불신을 받는 것은 물론 심지어 경멸과 모욕을 당하게 되는 것이다.

## 제18장 대도폐大道廢

### 도가 무너진 뒤에야 깨닫는다

◉원문번역

큰 도가 무너지고 나서 인의를 부르짖는다.

大道廢 有仁義대도폐 유인의

지혜가 생겨나서 큰 거짓이 생겨난다.

慧智出 有大僞지혜출 유대위

집안이 화목하지 못하고 나서 효도와 자애의 관념이 생긴다.

六親不和 有孝慈육친불화 유효자

나라가 혼란해지고서야 충신이 생겨난다.

國家昏亂 有忠信국가혼란 유충신

◉주해

고기가 물속에 있을 때는 물의 중요성을 알지 못하며, 사람은 숨을 쉬고 살면서도 공기의 중요성을 모른다. 큰 도가 흥성하고, 인과 의가 그 가운데서 행해지면 굳이 인의를 부르짖을 필가 없다.

그러니 인의를 숭상하는 시대는 사회가 이미 순박하지 못하고 혼탁한 것이다.

어떤 덕행이 밝게 드러나는 것은 바로 그것이 특별히 부족하기 때문이다.

만물의 시작이자 근원인 도는 무위자연의 방식으로 만물을 낳아서 기르고 덮어준다. 현상계의 사물은 무위자연의 도를 고스란히 받아서 스스로를 운영해야 되지만 그것을 내팽개치고 외면하게 되면 더불어 망하는 것이다. 이때가 돼서야 도와 덕의 필요성을 절감하게 된다.

요순시대처럼 자연무위의 방식으로 정치를 하게 되면 인·의·충·효와 같은 덕목의 개념이 있을 일이 없다. 모든 사람은 무욕의 마음으로 질박한 통나무처럼 살아가기 때문에 굳이 이런 덕목을 생각할 일이 없는 것이다.

하지만 다스리는 자들이 차츰 자연무위의 방식에서 벗어나 사욕을 가지고 인위적으로 다스리게 되면서 백성들도 자연 그대로의 순박함을 잃게 되었다.

위정자들은 이런 백성을 다스리기 위해 교묘한 지혜를 짜내고, 권모술수를 써서 백성을 속이고 억압을 가했다.

백성은 위정자의 이런 모습을 보고 익혀서 서로 불신하고, 심지어 부모자식과 부부와 형제간에서 조차 자연의 도를 잃게 되었다. 이러고 나서야 인·의·충·효와 같은 덕목을 부르짖게 됐다는 것이다.

# 제19장 절성기지絶聖棄智

### 사욕을 끊고 소박을 지키는 것이 백성을 이롭게 한다

### ◉원문번역

총명함과 지혜를 버리면 백성의 이익은 백배로 커질 것이다.

絶聖棄智 民利百倍절성기지 민리백배

인과 의를 버리면 백성은 오히려 효성스럽고 자애로운 천성을 회복할 것이다.

絶仁棄義 民復孝慈절인기의 민복효자

기교와 이로움을 버리면 도둑은 자연히 없어질 것이다.

絶巧棄利 盜賊無有절교기리 도적무유

총명과 지혜, 인과 의, 기교와 이로움 이 세 가지는 모두 인위적으로 꾸민 것이기 때문에 천하를 다스리는데 부족하다.

此三者 以爲文不足차삼자 이위문부족

그러므로 사람들이 근본으로 돌아가도록 해야 한다.

故令有所屬고령유소속

곧 소박함을 지키고, 사사로운 욕심을 버리는 것이다.

見素抱樸 少私寡欲견소포박 소사과욕

### ◉주해

요순처럼 무위자연의 방식으로 백성을 다스릴 때는 백성도 자연 그대로의 순박함을 지니고 있었다. 그래서 아무런 제약이나 속박을 받지 않고 해가 뜨면 들에 나가 일하고, 해가 지면 집으로 돌아가 쉬는 안락한 삶을 살았다.

그러나 점차 총명함과 지혜를 발휘해 문명을 만들면서 문명의 이기에 대한 사람들의 욕심이 커졌다. 물질에 대한 것은 물론 부귀와 공명에 대해 사람들이 눈을 뜨게 되면서 사욕을 위해 기교를 써서 서로를 속이게 된다. 심지어는 인간의 천성인 부모에 대한 효심과 자식에 대한 자애로움도 욕심 때문에 팽개친다. 노자가 살던 춘추시대에는 벌써 이런 혼란이 끊이지 않았다.

다스리는 자리에 있는 사람들 스스로 총명과 지혜를 치켜세워서 백성들로 하여금 공명과 부귀를 다투게 하였다. 그들은 또 인과 의를 내세워 백성에게 지킬 것을 요구하면서 스스로는 권력투쟁을 벌이고, 이웃나라를 침탈하기 일쑤였다. 그러니 그 신하들 또한 인의를 가장하여 백성을 수탈하며 악행을 서슴없이 저질렀다.

앞장에서도 인의는 도가 무너지고 나온 것이며, 지혜가 나오고 나서 거짓이 생겼고, 효도와 자애는 집안이 화목하지 못한 데서 생긴 것이라고 밝힌 바 있다.

또 3장에서는 재능이 뛰어난 사람을 치켜세우지 않아야 백성이 공명功名을 다투지 않고, 얻기 어려운 재물을 귀하게 여기지 않으면 백성이 도적이 되지 않는다고 했다.

노자는 이 모두가 자연무위의 본성을 버리고 허식의 문명을 추구한 데서 비롯된 것으로 보고, 자연의 소박한 모습으로 돌아가면 저절로 사회의 질서가 잡히고, 백성 또한 평안하게 된다고 가르치는 것이다.

# 제20장 절학무우絕學無憂

**무위의 방법으로 사는 사람은 바보처럼 보인다**

◉**원문번역**

배움을 끊으면 근심이 없어진다.

**絕學無憂**절학무우

공손하게 대답하는 '예'와 오만하게 대답하는 '응' 사이의 차이가 얼마나 된다는 말인가?

**唯之與阿 相去幾何**유지여아 상거기하

아름다움과 추함의 차이는 서로 얼마나 된다는 말인가?

**美之與惡 相去若何**미지여오 상거약하

남들이 두려워하는 바는 나 또한 두려워하지 않을 수 없다.

**人之所畏 不可不畏**인지소외 불가불외

넓고 멀어서 그것을 다 깨달을 수가 없다.

**荒兮 其未央哉**황혜 기미앙재

사람들이 모두 기뻐서 어쩔 줄 모르는 것이 마치 큰 잔치상을 받은 것 같고,

**衆人熙熙 如享太牢**중인희희 여향태뢰

봄날에 높은 대에 오른 것 같다.

**如春登臺**여춘등대

하지만 나만 홀로 조용히 아무것도 드러내지 않아 마치 웃을 줄 모르는 어린아이 같다.

**我獨泊兮 其未兆 如嬰兒之未孩**아독박혜 기미조 여영아지미해

울쩍한 모습이 돌아갈 곳이 없는 듯하다.

儽兮若無所歸래혜약무소귀

모든 사람이 다 여유가 있는데, 나만 홀로 부족한 듯하다.
衆人皆有餘 而我獨若遺중인개유여 이아독약유

나는 참으로 어리석은 사람의 마음이구나! 아무것도 모르는 것 같다.
我愚人之心也哉 沌沌兮아우인지심야재 돈돈혜

세상 사람이 모두 밝고 밝은데, 나만 홀로 어둡고 우매한 모양이다.
俗人昭昭 我獨昏昏속인소소 아독혼혼

세상 사람이 모두 총명하고 재주가 있으나 나만 홀로 바보 같다.
俗人察察 我獨悶悶속인찰찰 아독민민

고요하고 안정된 모습이 큰 바다와 같고, 바람과 같이 머무를 데를 모르는 것 같다.
澹兮其若海 飂兮若無止담혜기약해 료혜약무지

세상 사람이 모두 하는 일이 있지만 나만 홀로 어리석고 어눌한 모양이다.
衆人皆有以 而我獨頑且鄙중인개유이 이아독완차비

나만 홀로 세상 사람과 달라서 어미에게 길러짐을 귀하게 여긴다.
我獨異於人 而貴食母아독이어인 이귀사모

◉ 주해

절학絕學에서 '학學'은 속세에서 이미 이상하게 변화된 학문을 말한다. 자연무위의 참된 도를 추구하는 학문이 아니고, 이상하게 바뀐 학문을 끊으면 근심을 없앨 수 있다는 것이다. 48장에서는 배움(학)을 구하면 날마다 이익이 보태지고, 도를 구하면 날마다 기교가 줄어든다고 한 것을 보면 여기서 말하는 학이란 참된 도를 구하는 것이 아님을 알 수 있다.

'유唯'는 '예'라고 공손하게 대답하는 것이고, '아阿'는 공손하지 않게 '응'하고 대답하는 것을 말한다.

노자는 예라고 하는 대답과 응이라고 하는 대답이나, 아름다움과 추함은 모두 대립되는 개념으로 그 차이는 크지 않다는 것을 말하고 있다. 즉 순순히 따르는 것과 거역하는 것이나 아름다움과 추함은 세속의 개념으로 반드시 도를 구하여 행하는 준칙이 될 수 없다.

그래서 속세의 학문을 버리고 자연무위의 도를 따라 사는 사람의 모습은 얼핏 보기에는 조용하고, 어린애 같고, 어리석어 보인다.

하지만 이것이 도의 본 모습을 따라서 사는 사람만이 누릴 수 있는 행복이다.

여기 모母는 만물을 낳아서 기르는 천지를 말하고, 천지의 시작인 도를 말하는 것이다. 그러므로 도를 귀하게 여긴다는 것이다.

앞의 19장과 이 장은 모두가 천지자연의 본연인 도로 돌아가야 함을 말하고 있다. 본래 만물은 도에서 나왔기 때문에 각자 도의 본심을 타고 났으나 속세의 흐름에 따라 이를 잊거나 억지로 외면하고 있을 뿐이다.

# 제21장 공덕지용孔德之容

## 큰 덕은 도를 따른다

◉원문번역

큰 덕의 모습은 오직 도를 따른다.

孔德之容 唯道是從공덕지용 유도시종

도라는 것은 있으면서도 없는 것 같고, 없으면서도 있는 것 같다.

道之爲物 惟恍惟惚도지위물 유황유홀

도는 없으면서도 있는 것 같지만 그 속에 형상이 있다.

惚兮恍兮 其中有象홀혜황혜 기중유상

있으면서도 없는 것 같지만 그 속에 사물이 있다.

恍兮惚兮 其中有物황혜홀혜 기중유물

그윽하고 어둡지만 그 속에 정기가 있다.

窈兮冥兮 其中有精요혜명혜 기중유정

어둡고 그윽하지만 그 속에 성실함이 있다.

冥兮窈兮 其中有信명혜요혜 기중유신

태고시절부터 지금까지 그 이름은 사라지지 않았으니,

自古及今 其名不去자고급금 기명불거

도를 통해서 만물의 시작을 알 수 있다.

以閱衆甫이열중보

내가 무엇으로써 만물이 처음 시작되는 상황을 알 수 있나?

吾何以知衆甫之然哉오하이지중보지연재

도를 통해서 아는 것이다.

以此이차

◉ 주해

이 장이 말하는 내용은 둘로 나누어 볼 수 있다. 하나는 덕과 도의 관계를 말하는 것이고, 둘은 도의 모습이 어떠한가를 말하는 것이다.

도와 덕의 관계는 도가 덕을 포함하며, 덕은 도의 작용으로 드러나는 모습이다. 천지의 시작이고, 만물을 낳는 근원인 도는 무형무상으로 사람이 감각으로 느낄 수 없지만 분명히 존재하면서 만물에 내재한다. 이렇게 사물에 내재된 도는 각각의 사물에서 도 본연의 속성을 나타낸다.

즉 도는 본래 형체가 없는 것이지만 사물에 작용하여 드러나는 것이다. 특히 이 무형무상의 도가 사람의 삶에서 드러나는 것을 덕이라고 한다.

그래서 큰 덕을 가진 사람의 모습은 도를 본받았기 때문에 도의 진면목을 닮을 수밖에 없다.

그리고 도의 모습은 황홀하여 형상이 없지만 그 속에 천하 만물을 낳는 힘을 가지고 있다. 즉 도는 무형무상이면서도 물物·상象·정精·신信을 포함하고 있는 실존하는 것임을 말하고 있다.

## 제22장 곡즉전曲則全

**무위자연의 도를 따르면 온전할 수 있다**

**◉원문번역**

굽으면 오히려 온전할 수 있고, 구부려야 펼 수 있다.
曲則全 枉則直곡즉전 왕즉직

밑이 움푹하면 오히려 채울 수 있고, 낡아야 새로워질 수 있다.
窪則盈 敝則新와즉영 폐즉신

욕심이 적으면 오히려 만족을 얻고, 많이 탐하면 오히려 미혹에 빠진다.
少則得 多則惑소즉득 다즉혹

이런 까닭에 성인은 도를 굳게 지켜 세상의 법도로 삼는다.
是以聖人執一爲天下式시이성인집일위천하식

스스로 드러내지 않으므로 오히려 밝게 빛날 수 있고,
不自見 故明부자현 고명

스스로 옳다고 생각하지 않으므로 오히려 뚜렷하게 드러나고,
不自是 故彰부자시 고창

스스로 자랑하지 않으므로 공이 있게 되고,
不自伐 故有功부자벌 고유공

스스로 자랑하고 교만하지 않으므로 오히려 오래 갈 수 있다.
不自矜 故能長부자긍 고능장

바로 남과 다투지 않으므로 세상에 아무도 그와 다투지 않는다.
夫唯不爭 故天下莫能與之爭부유부쟁 고천하막능여지쟁

옛 사람들이 말하던 이른바 '굽으면 온전할 수 있다'는 말이 어찌 빈

말이겠는가?

古之所謂曲則全者豈虛言哉고지소위곡즉전자기허언재

진실로 모든 것이 도로 귀결된다.

誠全而歸之성전이귀지

◉ 주해

자연무위의 도를 아는 사람은 결코 다투지 않고, 자신을 낮추며 겸허하게 살아간다.

보통사람은 늘 사물의 드러나는 형상을 좇기를 좋아하고, 온전한 것과 가득 찬 것을 구하기에 급급하거나, 또는 밝게 드러내거나 자랑하기에 급급하여 많은 분쟁을 일으킨다.

그러나 온전함을 구하는 도는 다투지 않는 것이 가장 좋은 방법이다. 다투지 않는 도는 스스로 드러내지 않고, 스스로 옳다고 하지 않고, 스스로 자랑하지 않고, 스스로 으스대고 교만하지 않는데 있다.

이 장의 앞부분에서 말하는 곡曲·왕枉·와窪·폐敝는 모두 다투지 않는다는 뜻을 내포하고 있다.

노자가 사물을 보는 통찰력은 보통사람과 크게 다르다. 보통 사람들은 사물의 겉모습만을 보고, 안쪽을 보지 못한다.

그러나 노자는 사물은 항상 대대적 관계에서 만들어지므로 양극단을 항상 철저히 살펴야 한다고 본다. 그래서 정면에서 반대면을 투시하여 반대면의 의미를 파악하게 되면 정면에 내포된 것이 더욱 잘 드러나게 된다. 왜냐하면 정면과 반대면은 결코 확연히 다른 것이 아니라 항상 의존관계에 있으며, 심지어는 표면과 근저의 관계에 있기 때문이다. 즉 대립하는 사물은 서로 전화할 수 있는 것이다.

그런데도 보통 사람들은 사물에 대해서 집착하며, 당장의 효과나 이익에만 급급하여 그저 눈앞의 좋아하는 것만을 탐한다.

노자는 사람들에게 시야를 넓히려면 지엽적으로 번성한 것을 감상하는 것은 물론 동시에 마땅히 뿌리가 튼튼한 것에도 주의를 기울여야 한다고 일러주고 있다. 견실한 뿌리가 있으므로 번성한 잎이 자랄 수 있는 것이기 때문이다.

이 장의 내용은 「계사전」에도 나온다.

"자벌레가 몸을 굽힘은 펴기 위해서고, 용과 뱀이 칩거하는 것은 몸을 보존하기 위한 것이다."[21]고 하는 부분은 분명 노자의 영향을 받은 것이다.

---

21 「계사전」 하5장, "尺蠖之屈 以求信也 龍蛇之蟄 以存身也"

# 제23장 희언자연希言自然

**폭풍우도 오래가지 못하는 것이 자연법칙이다**

**◉원문번역**

말이 없는 것이 자연무위의 방식이다.

希言自然희언자연

회오리바람은 아침 내내 불지 못하고,

故飄風不終朝고표풍부종조

폭우도 하루 종일 내리지 못한다.

驟雨不終日 취우부종일

누가 이렇게 하는가? 그것은 천지자연이다.

孰爲此者 天地숙위차자 천지

천지자연도 그렇게 오래 지속할 수 없는데, 하물며 사람이 할 수 있겠는가?

天地尙不能久 而況於人乎천지상불능구 이황어인호

그러므로 도를 따르는 사람은 도와 같아지고,

故從事於道者 同於道고종사어도자 동어도

덕을 따르는 사람은 덕과 같아진다.

德者 同於德덕자 동어덕

도와 덕을 잃은 사람은 도와 덕을 잃은 것에 어울린다.

失者 同於失실자 동어실

도와 같아진 사람은 도 또한 그를 얻어 즐거워하고,

同於道者 道亦樂得之동어도자 도역락득지

덕과 같아진 사람은 덕 또한 그를 얻어 즐거워한다.

同於德者 德亦樂得之동어덕자 덕역락득지

도와 덕을 잃은 사람은 도 역시 그를 버릴 것이다.

同於失者 道亦失之동어실자 도역실지

◉ 주해

희언希言은 '말이 적다' 혹은 '말이 없다'는 뜻이다. 14장에서는 '들으려 해도 들리지 않는 것을 '희希'라고 했다. 그런데 2장에서는 도는 무위자연의 작용을 하되, 말없이 교화를 편다고 했다. 즉 도의 자연무위 방법은 본래 들으려고 해도 들을 수 없지만 밤낮과 계절의 변화를 일으키며, 만물을 낳아서 키운다. 항상 변화를 만드는 것이다.

그러니 폭풍도 아침 내내 불지 못하고 그칠 수밖에 없고, 세차게 내리는 비도 하루 종일 쏟아질 수 없다. 천지자연의 법칙이 그러하기 때문이다.

그래서 무위자연의 방법으로 말없이 만물을 낳아서 기르며, 변화를 반복하는 도와 덕을 체득하여 실행하는 사람은 도와 덕을 닮는 것이다.

도와 덕을 멀리하는 사람은 도와 덕이 또한 그를 버릴 것이다. 이는 스스로 도와 덕을 버렸기 때문이다.

『주역』에서는 천지의 도를 본받아 덕을 가진 대인은 해와 달의 밝음과 사시사철의 변화하는 질서와 그 덕이 합치된다고 밝히고 있다. 그래서 도와 덕에 따르는 대인이 하는 일은 하늘보다 앞서도 하늘이 거스르지 않고, 하늘보다 뒤에 서도 하늘이 때를 받든다는 것이다.[22]

---

22 『주역』 건乾괘 「문언전」, "夫大人者與天地合其德 與日月合其名 與四時合其序 …… 先天而天不違 後天而奉天地"

## 제24장 기자부립企者不立

### 도를 아는 사람은 공을 세우고도 자랑하지 않는다

◉ **원문번역**

발꿈치로 서 있는 사람은 오래 서지 못하고,

企者不立기자불립

가랑이를 벌려 큰 걸음으로 걸으면 오래 걷지 못하고,

跨者不行과자불행

스스로를 드러내는 사람은 오히려 드러나지 못하고,

自見者不明자현자불명

스스로를 옳다고 하는 사람은 오히려 빛나지 못하고,

自是者不彰자시자불창

스스로를 뽐내는 사람은 오히려 공이 없어지고,

自伐者無功자벌자무공

스스로를 자랑하는 사람은 오히려 오래가지 못한다.

自矜者不長자긍자부장

이런 사람은 도의 입장에서 보면 모두 밥찌꺼기나 군더더기 혹이라고 할 수 있다.

其在道也曰 餘食贅形기재도야왈 여사췌형

도는 항상 이런 사람을 싫어한다.

物或惡之물혹오지

그러므로 도를 가진 사람은 이렇게 하지 않는다.

故有道者不處고유도자불처

◉ 주해

이 장의 내용은 2장과 22장에서도 나온 내용으로서, 두 가지 면에서 생각해볼 수 있다.

하나는 지나친 것을 경계하라는 것이다. 『논어』에서 공자가 제자 자공子貢에게 "지나친 것은 모자라는 것과 같다."[23]고 일러주는 내용과 같다. 사물은 중용中庸을 유지하는 것이 좋다고 할 수 있다. 무위자연의 방법으로 과욕을 버리라는 말이다.

둘은 공을 세우고 이것을 자랑하고 드러내는 것은 자신을 오래 지킬 수 없다는 것이다. 유약하지만 만물을 창조하고 길러내는 무한의 역량을 가진 물처럼 살아야 함을 강조하는 것이다.

노자의 '유약부쟁'의 철학은 『주역』의 『역전』에 큰 영향을 미쳤다. 「계사전」에서는 "공로가 있으면서도 겸손함이니, 군자가 마침을 두어 길하다."[24]는 겸謙괘 구삼효사를 풀이하면서, 이 장의 내용을 이어받고 있다. 공자는 이 대목을 "공로가 있어도 자랑하지 않으며, 공이 있어도 덕으로 여기지 않음은 후함의 지극함이다."[25]라고 주석하고 있다.

건乾괘 「문언전」에서는 "세상을 좋게 하고도 자신의 공로를 자랑하지 않는다."[26]고도 한다.

---

23 『논어: 선진先進』, "過猶不及"

24 『주역』 겸謙괘 구삼 효사, "勞謙 君子有終 吉"

25 「계사전」 상7장, "子曰 勞而不伐 有功而不德 厚之至也"

26 『주역』 건乾괘 「문언전」, "善世而不伐"

# 제25장 유물혼성有物混成

### 만물은 자연무위의 도를 본받는다

**◉원문번역**

혼돈스런 모습을 한 어떤 것이 천지가 생겨나기 전에 이미 존재했다.
有物混成 先天地生유물혼성 선천지생

그것은 고요하고 적막하여 소리도 들을 수 없고, 형체도 볼 수 없다.
寂兮寥兮적혜료혜

그것은 홀로 우뚝 서서 영원히 다하지 않으며,
獨立而不改독립이불개

순환 운행하며 그치지 않아서 천지만물의 근원이 될 수 있다.
周行而不殆 可以爲天下母주행이불태 가이위천하모

나는 그 이름을 알 길이 없어서 억지로 도라고 이름을 붙였으며,
吾不知其名 强字之曰道오부지기명 강자지왈도

다시 억지로 크다고 하였다.
强爲之名曰大강위지명왈대

크다고 하는 것은 간다고 할 수 있고,
大曰逝대왈서

간다는 것은 멀다고 할 수 있으며,
逝曰遠서왈원

멀다고 하는 것은 돌아온다고 할 수 있다.
遠曰反원왈반

그러므로 도는 큰 것이고,
故道大고도대

하늘도 크고,
天大천대

땅도 크고,
地大지대

사람도 크다.
人亦大인역대

세상에는 네 가지 큰 것이 있는데, 사람이 그 중의 하나다.
域中有四大 而人居其一焉역중유사대 이인거기일언

그런데 사람은 땅을 본받고,
人法地인법지

땅은 하늘 본받으며,
地法天지법천

하늘은 도를 본받고,
天法道천법도

도는 자연을 본받는다.
道法自然도법자연

**◉ 주해**

이 장은 천지가 생겨나기 전에 혼둔한 모습으로 존재하면서 만물을 낳는 근원인 어떤 것이 있었으며, 그것은 볼 수 없고 들을 수 없으며, 이름도 없는 것이었기에 노자가 억지로 도라고 이름을 붙인 것이라고 말한다.

이 도라는 것은 영원히 존재하는 것으로 만물이 생겨나서 자라고 소멸하는 변화의 과정을 순환 반복하는 일을 잠시도 쉬지 않고 진행한다.

도의 역량은 말할 수 없이 커서 천지는 물론 만물(사람)을 포함한다. 그리고 도에서 생겨난 만물은 다시 그것이 나온 도로 돌아가게 마련이다. 이것이 도의 법칙이다.

그러므로 만물은 자신이 나온 천지를 본받고, 천지는 다시 그것의 근원인 도를 본받으며, 도는 원래 자연히 그렇게 있었던 것을 본받는 것이다.

이 장의 내용은 첫째 도는 볼 수 없고, 들을 수 없으며, 지각할 수 없는 형이상의 개념이라는 것이다.

다음은 도는 만물을 낳아 기르는 천지만물의 근원이라는 것이다.

그 다음은 천지만물의 시원이자 근원인 도는 변화의 과정을 끝없이 순환 반복한다는 것이다.

또 천지가 생겨나기 전부터 있는 도에서 천지가 생겨나고, 천지는 만물을 낳는다는 만물 생성론을 말하는 것이다. 여기서 인人은 사람의 의미도 있지만 만물을 말하며, 사람은 만물의 영장이기 때문에 만물을 대표하는 성격이 있다.

도는 만물을 낳기 때문에 도에서 나온 만물은 도의 자연무위의 성질을 본받을 수밖에 없다는 것이다.

이 장이 『주역』에 끼친 영향의 범위는 매우 넓다.

우선 사람의 감각으로 확인할 수 없는 추상적 개념을 도라고 하는 대목이다. 『역전』은 이를 온전히 받아들이고 있다. "형이상을 일러 도라고 하며, 형이하를 일러 기라고 한다."[27]라고 설명한다. 이어서 "한 번은 음이 작용하고, 한 번은 양이 작용하는 운동을 일러 도라고

27 「계사전」 상12장, "形而上者謂之道 形以下者謂之器"

한다."[28]라고 도를 정의하고 있다.

다음은 만물은 극에 이르면 근원으로 돌아간다는 사상이다. 『주역』 건乾괘 상구효사는 "하늘 끝까지 올라간 용은 후회함이 있다."[29]고 한다. 건괘 상구효는 1년 12달 중 6월을 나타내는 것으로, 6월 중에 있는 하지가 지나면 태양은 다시 동지를 향해 돌아가는 것이다. 즉 양기가 극에 이르러 반전하는 것을 말한다.

또 이離괘 구삼효사에 대해 「상전」은 "해가 기울어 서산에 걸려 있으니 어찌 오래 갈 수 있겠나?"[30]라고 해석한다. 이것은 해가 이미 기울어서 오래 갈 수 없으며, 곧 밤이 이를 것이라는 의미다.

복復괘 괘사 「단전」은 "그 도를 반복하여 7일 만에 와서 회복하는 것은 하늘의 운행이다."[31]라고 한다. 도는 순환 반복한다는 것이다.

세상에는 큰 것이 네 가지가 있다는 대목에서 실상은 도가 천지인 3재를 포함하는 것이다. 이 삼재에 관한 관념 역시 『주역』에서도 같은 입장이다.

---

28 「계사전」 상5장, "一陰一陽之謂道"

29 『주역』 건乾괘 상구, "亢龍有悔"

30 『주역』 이離괘 구삼 「상전」, "象曰 日仄之離 何可久也"

31 『주역』 복復괘 괘사 「단전」, "反復其道七日來復 天行也"

# 제26장 중위경근重爲輕根

### 고요하고 안정됨이 근본과 주체를 지킨다

**◉ 원문번역**

무거움은 가벼움의 근본이 되고,
重爲輕根중위경근

고요히 안정됨은 조급함을 다스리는 우두머리가 된다.
靜爲躁君정위조군

그러므로 군자는 종일 걸어 다녀도 무거운 짐을 실은 수레를 떠나지 않는다.
是以君子終日行不離輜重시이군자종일행불리치중

비록 화려한 생활 속에 있으면서도 조용한 곳에 있으면서 태연하다.
雖有榮觀 燕處超然수유영관 연처초연

어찌 큰 나라의 임금이면서 가볍고 조급하게 천하를 다스리겠는가?
奈何萬乘之主 而以身輕天下내하만승지주 이이신경천하

경솔하면 근본을 잃게 되고,
輕則失根경즉실근

조급하면 주체를 잃게 된다.
躁則失君조즉실군

**◉ 주해**

무거움과 가벼움, 고요함과 움직임은 서로 대립되는 개념이다. 그러나 이들 대립 개념은 서로 상반되는 것이 아니라 서로 뿌리가 된다.

앞서 여러 곳에서 말한 바와 같이 만물은 대립 상태로 존재하며, 대립물은 서로 뿌리가 되어 보완해주고, 이루어준다. 물론 그것이 가능하도록 하는 것은 만물의 시작이고 근원인 도가 된다.

이것은 만물을 낳아 길러주고 포용하는 『주역』 곤坤괘의 포용성과 같은 맥락이다. 「계사전」에서는 "강함과 부드러움이 서로 미루어 변화가 이루진다."[32]고 한다. 그런데 곤坤괘 「문언전」에서는 "곤은 지극히 유순하되 움직임이 강하고, 지극히 고요하되 덕이 크고 반듯하다."[33]고 한다.

이것은 곤의 고요하고 안정됨이 무거움과 가벼움, 그리고 조급함을 포용하여 안정되게 해주는 역할을 한다는 것이 아니고 무엇인가?

이는 『역전』이 곤坤의 덕을 숭상하는 노자 사상의 영향을 받은 사례의 일부분에 불과하다.

---

32 「계사전」 상2장, "剛柔相推 而生變化"

33 『주역』 곤坤괘 「문언전」, "坤 至柔而動也剛 至靜而德方"

## 제27장 선행무철적善行無轍迹

### 유능한 목수는 굽은 나무를 탓하지 않는다

◉**원문번역**

걷기를 잘 하는 사람은 자취를 남기지 않고,

善行無轍迹선행무철적

말을 잘 하는 사람은 흠 잡힐 곳이 없으며,

善言無瑕謫선언무하적

계산을 잘 하는 사람은 산가지를 쓰지 않고,

善數不用籌策선수불용주책

잠그는 것을 잘 하는 사람은 빗장을 쓰지 않고도 사람들이 열지 못하도록 하며,

善閉無關鍵而不可開선폐무관건이불가개

묶기를 잘 하는 사람은 밧줄을 쓰지 않고도 사람들이 풀 수가 없다.

善結無繩約而不可解선결무승약이불가해

이런 이치를 아는 성인은 항상 다른 사람이 그 능력을 충분히 발휘하도록 하므로 버려지는 사람이 없고,

是以聖人常善救人 故無棄人시이성인상선구인 고무기인

늘 물건이 그 쓰임을 다하도록 잘 활용하므로 버려지는 물건이 없다.

常善救物 故無棄物상선구물 고무기물

이것을 일러 '밝음을 지녔다'고 한다.

是謂襲明시위습명

그러므로 선한 사람은 선하지 않은 사람의 스승이 되고,

故善人 不善人之師고선인 불선인지사

선하지 않은 사람은 선한 사람의 귀감이 된다.
不善人 善人之資불선인 선인지자
스승을 귀하게 여기지 않고,
不貴其師불귀기사
귀감이 되는 것을 아끼지 않으면,
不愛其資불애기자
비록 지혜가 있을지라도 크게 어리석은 것이다.
雖智大迷수지대미
이것을 일러 현묘한 진리라고 한다.
是謂要妙시위요묘

◉ **주해**

무위자연의 철학을 다시 설명하고 있다.

이 장은 세 단락으로 구분하여 이야기를 풀어가고 있다.

첫째는 무위자연의 도를 체득한 사람이 하는 일은 인위적인 요소나 억지가 없다. 그래서 길을 걸어도 흔적이 없고, 말을 해도 흠이 생기지 않는다. 이것은 실은 말없는 가르침을 편다는 것이다. 2장에서 성인은 말없이 베푸는 자연의 가르침을 행한다고 한 바 있다.

또 계산을 잘하고, 닫기를 잘하고, 묶기를 잘하는 것이라는 구절 역시 무위자연의 사상을 근본원리로 삼으면 힘쓸 필요가 없으며, 흔적 또한 남지 않는다는 것을 비유한 것이다.

다음 단락은 이러한 무위자연의 도를 본받은 성인이 하는 정치는 천지 만물이 각각 타고난 자질대로 살도록 하므로 버려지는 것이 없다. 재능 없는 목수는 굽은 나무를 탓하거나 버리지만, 훌륭한 목수는 재목이 좋든 나쁘든 탓하지 않고 쓰임대로 사용하는 법이다.

마지막 단락은 선인과 불선인을 끌어다 만물의 상성상인相成相因성을 말하고 있다. 즉 만물은 대립관계로 존재하면서 대립물은 서로 이루어주고 보완하면서 완성된다는 것을 다시 한 번 강조하고 있다.

그렇기 때문에 선인은 불선인의 스승이 되지만, 불선인은 역으로 선인이 반성하고 고치는 거울이 될 수 있다. 또 불선인이 있기 때문에 선인이 드러나고, 선인으로 인하여 불선인이 부각되는 것이다.

이것이 무위자연의 법칙으로서 현묘한 도라는 것이다.

# 제28장 지기웅知其雄

**다스리는 자는 천하를 포용할 도를 가져야 한다**

**◉원문번역**

수컷의 강함을 알면서 암컷의 부드러움을 지키면, 천하의 계곡이 될 수 있다.

知其雄 守其雌 爲天下谿지기웅 수기자 위천하계

천하의 계곡이 되면 항상 덕이 떠나지 않아서 갓난아이의 상태로 돌아갈 수 있다.

爲天下谿 常德不離 復歸於嬰兒위천하계 상덕불리 복귀어영아

밝은 것을 알면서 어두운 것을 지키면 천하의 법도가 되고,

知其白 守其黑 爲天下式지기백 수기흑 위천하식

천하의 법도가 되면 항상 덕에 어긋나지 않아 끝없는 도로 돌아갈 수 있다.

爲天下式 常德不忒 復歸於無極위천하식 상덕불특 복귀어무극

영화를 알면서 욕됨을 지키면 천하의 골짜기가 되고,

知其榮 守其辱 爲天下谷지기영 수기욕 위천하곡

천하의 골짜기가 되면 항상 덕이 가득 차서 질박한 상태의 통나무로 돌아갈 수 있다.

爲天下谷 常德乃足 復歸於樸위천하곡 상덕내족 복귀어박

질박한 통나무가 흩어지면 그릇이 된다.

樸散則爲器박산즉위기

성인이 질박한 통나무의 도를 쓰면 다스리는 자가 된다.

聖人用之則爲官長성인용지즉위관장

그러므로 큰 재목은 쪼개지 않는 것이다.

**故大制不割**고대제불할

◉ **주해**

수컷은 『주역』에서 건괘가 상징하는 양陽·강剛·천天·아버지를 의미한다. 물론 암컷은 음陰·유柔·지地·어머니를 말한다.

그런데 앞에서 천하 만물의 시작이자 근원인 도는 부드러움 속에 강력한 창조력을 가지고 있다고 이야기 했다. 그러므로 수컷의 강함을 가지고 있으면서 암컷의 부드러움을 유지한다면 이것은 곧 도라는 말이다. 계곡은 도의 다른 표현임은 이미 나온 말이다.

천하의 계곡은 곧 도이므로 당연히 덕을 가지고 있다. 체體인 도와 그 쓰임인 덕의 모습은 유약, 즉 갓난아이와 같다.

밝은 것과 어두운 것 또한 양과 음, 해와 달, 하늘과 땅, 암컷과 수컷, 건괘와 곤괘를 표현하는 말이다. 이 역시 도와 덕을 말하는 것으로서 도는 천하 만물의 법도가 되는 것은 당연하다.

도와 덕은 체용의 관계로서 크게 말해서는 도를 말하는 것이며, 도는 천지의 시작이고, 만물의 근원으로서 본래 무형무상으로 무극이다.

천하의 골자기 역시 첫 문장의 계곡과 같은 말로, 도를 표현하는 말이다. 영화를 알고, 욕됨을 참을 수 있는 사람은 도를 체득한 사람이므로 곧 도의 화신이기 때문에 도에 귀의할 수 있다.

통나무라는 말은 앞에서도 나온 바와 같이 도를 표현한다. 통나무를 쪼개서 물건을 만들지만 그 물건은 통나무의 본성을 가지고 있다. 이 말은 도가 천지를 낳고, 천지가 만물을 낳지만 만물은 도의 본성을 이어받고 있다는 말이다.

마지막에서 이런 도를 체득한 사람이라야 천하를 제대로 다스릴 수 있다는 것이다. 물론 도를 체득한 사람이 천하를 다스리게 되는 경우는 요와 순을 제외하고는 거의 없지만 말이다.

그런데 여기서는 『주역』과 관련된 중요한 내용이 세 가지가 있다.

하나는 '무극無極'이라는 표현이다. 『주역』「계사전」에서는 천하 만물의 생성과정을 "역에 태극이 있고, 태극이 양의를 낳고, 양의가 사상을 낳으며, 사상이 팔괘를 낳는다."[34]고 한다. 앞서 말한 바와 같이 '역易'은 노자가 말하는 도와 같다. 그런데 노자는 이 장에서 처음으로 '무극'이라는 표현을 쓰고 있다. 물론 무극의 의미는 도의 무상무형하고, 허정무위한 것을 묘사하는 말이다.

둘은 질박한 통나무가 흩어지면 기물이 된다는 대목이다. 질박한 통나무는 도라고 했다. 그리고 도가 흩어져서 만물을 이루면 이것은 '기器'라고 한다는 것이다. 노자의 이 대목은 『역전』에서 고스란히 받아들이고 있다. 그래서 「계사전」은 "무형무상의 추상적인 개념을 도라고 하며, 형체가 있고 상이 있는 물건을 기라고 한다."[35]고 도와 기의 관념을 제출한다.

마지막으로 도를 표현하는 계곡·골짜기·갓난아기가 갖는 함의는 부드럽고, 고요하며, 다투지 않고, 낮은 곳에 처하며, 만물을 낳는 어미이면서 만물을 포용한다는 것이다.

이것은 곧 『주역』의 건乾괘와 곤坤괘 중에서 곤괘가 갖는 덕의 내용이다. 『주역』곤괘 「단전」은 "곤은 만물을 두텁게 실으므로 그 덕이 끝이 없다."[36]고 하며, 「상전」은 "땅의 힘이 곤인데, 군자는 이를 본

34 「계사전」 상11장, "易有太極 是生兩儀 兩儀生四象 四象生八卦"

35 「계사전」 상12장, "形而上者謂之道 形而下者謂之器"

받아 만물을 포용한다."[37]고 한다.

그래서 노자의 사상은 곤괘의 덕을 더 귀하게 여긴다는 평가를 할 수 있는 것이다.

---

36 『주역』 곤坤괘 「단전」, "厚德載物 德合無疆"

37 『주역』 곤坤괘 「상전」, "地勢坤 君子以厚德載物"

## 제29장 장욕취천하將欲取天下

### 도를 거스리고는 천하를 얻을 수 없다

**◉원문번역**

천하를 다스리려고 하면서 인위적 방법으로 억지를 쓴다면,
**將欲取天下而爲之**장욕취천하이위지

내가 보기에 그것은 뜻을 이루지 못한다.
**吾見其不得已**오견기부득이

천하는 신묘한 물건이어서 인위적으로는 되지 않는 것이다.
**天下神器 不可爲也**천하신기 불가위야

인위적으로 천하를 잡으려는 사람은 실패한다.
**爲者敗之**위자패지

설사 억지로 잡는다 해도 그것을 잃게 마련이다.
**執者失之**집자실지

사물은 앞서는 것이 있고, 뒤따르는 것이 있으며,
**故物或行或隨**고물혹행혹수

혹은 불어서 덥히는 것이 있고, 혹은 불어서 식히는 것도 있고,
**或噓或吹**혹허혹취

강한 것도 있고, 유약한 것도 있으며,
**或强或羸**혹강혹리

스스로 솟는 것도 있고, 스스로 무너지는 것도 있다.
**或培或墮**혹배혹타

그래서 성인은 극단적인 것을 버리고, 사치함을 버리고, 교만함을 버린다.
**是以聖人 去甚 去奢 去泰**시이성인 거심 거사 거태

◉ 주해

위지爲之는 유위有爲와 같은 뜻으로, 인위적으로 억지로 한다는 의미다.

부득이不得已는 얻지 못할 뿐이라는 뜻이다.

그러므로 첫 문장은 천하를 얻으려는 사람이 인위적 방법을 써서 억지로 한다면 절대로 천하를 얻지 못한다는 것이다.

천하는 도에 의지하고, 도에서 나온 것이라서 현묘한 물건인데, 도의 바탕인 자연무위의 방식이 아닌 인위의 억지를 쓴다면 안 된다.

그렇게 해서는 천하를 얻을 수가 없고, 설사 얻는다고 해도 곧 잃어버리고 만다.

만물은 도에서 함께 나왔지만 각자 개성이 다르다. 하나에서 나왔어도 만 가지로 갈라진 것이다.

하지만 도는 만 가지의 사물에 대해 각각의 모습대로 살아가도록 도와준다. 극단적으로 어떤 특정한 사물에 치중하거나 소홀히 하지 않는다.

이런 자연무위의 도를 본받은 성인은 허정·무위·무욕의 태도로 일관한다. 그러면 자연히 만물은 그것을 따르게 마련이다.

『주역』에서도 지나친 것과 교만한 것을 경계한다. 대과大過괘 상육「상전」은 "지나치게 건너서 흉하게 됨은 탓할 곳이 없다."[38]고 한다. 또 겸謙괘 「단전」은 "사람의 도는 가득한 것을 싫어하고 겸손한 것을 좋아한다."[39]고 한다.

---

38 『주역』 대과大過괘 사육 「상전」, "過涉之凶 不可咎也"

39 『주역』 겸謙괘 「단전」, "人道惡盈而好謙"

## 제30장 이도좌인주以道佐人主

### 무력을 쓰는 것은 도에 어긋나는 것이다

◉원문번역

도로써 임금을 보좌하는 사람은 무력으로 천하에 강함을 드러내지 않는다.

以道佐人主者 不以兵强天下이도좌인주자 불이병강천하

무력으로 하는 일은 반드시 되돌아오기 마련이다.

其事好還기사호환

군대가 머물렀던 곳은 가시넝쿨이 자라고,

師之所處 荊刺生焉사지소처 형극생언

대군이 지나간 뒤에는 반드시 흉년이 있게 마련이다.

大軍之後 必有凶年대군지후 필유흉년

용병을 잘 하는 사람은 목적을 달성하는 것으로 그치고,

善者果而已선자과이이

굳이 강함을 드러내지 않는다.

不敢以取强불감이취강

목적을 이루고도 자랑하지 않고,

果而勿矜과이물긍

목적을 달성하고도 뽐내지 않고,

果而勿伐과이물벌

목적을 이루고도 교만하지 않고,

果而勿驕과이물교

목적을 이룸도 어쩔 수 없이 한 것이고,

果而不得已과이부득이

목적을 이루고도 강함을 드러내지 않는다.

果而勿强과이물강

사물은 기가 성하면 쇠한다.

物壯則老물장즉노

무력을 써서 강함을 드러내는 것은 도에 부합하는 것이 아니다.

是謂不道시위부도

도에 어긋나면 일찍 사라지게 된다.

不道早已부도조이

◉ 주해

전쟁에 대한 노자의 사상이 잘 나타나있는 장이다.

노자는 전쟁에 반대하지만 백성의 안위를 위해 어쩔 수 없어서 전쟁을 하더라도 목적을 달성하는 선에서 멈추라고 한다. 전쟁 뒤에는 황폐와 질병과 가뭄으로 백성은 도탄에 빠지고 나라도 무너지기 쉽기 때문이다. 이는 자연무위의 도에 어긋나는 것이다.

노자가 항상 사용하는 개념인 자랑하지 않고, 뽐내지 않으며, 교만하지 말라는 말도 이 장에서 여전히 등장한다.

노자의 이런 '유약부쟁'의 철학은 앞서 이야기한 바와 같이 『주역』의 『역전』에 큰 영향을 미쳤다.

「계사전」에서는 노자의 사상을 좇아서 "공로가 있으면서도 겸손함이니, 군자가 마침을 두어 길하다."[40]라고 겸謙괘 구삼효사를 풀이하

40 『주역』 겸謙괘 구삼 효사, "勞謙 君子有終 吉"

고 있다. 또 공자는 이 대목을 "공로가 있어도 자랑하지 않으며, 공이 있어도 덕으로 여기지 않음은 후함의 지극함이다."[41]고 주석하고 있다. 건乾괘 「문언전」에서는 "세상을 좋게 하고도 자신의 공로를 자랑하지 않는다."[42]고도 한다.

여기서 잠시 손자의 병법이 노자사상의 영향을 크게 받았음을 알아본다.

이 장에서 노자는 전쟁은 안하는 것이 상책이라는 것을 은밀하게 표현한다. 전쟁이 필요한 경우는 어쩔 수 없는 경우에만 해당한다.

그런데 손자는 「모공謀攻」에서 "싸우지 않고 굴복시키는 것이 최상"[43]이라고 한다. 그는 또 「시계始計」에서 "다섯 가지 일로써 병법의 뼈대를 세우는데, …… 그 하나는 도이고, 둘은 천이며, 셋은 지이고, 넷은 장이며, 다섯은 법."[44]이라고 한다.

이 대목은 노자가 말하는 인법지, 지법천, 천법지, 도법자연을 흡수하여 손자 자신의 병법으로 만든 것이다.

노자는 "만족할 줄 알면 욕됨이 없고, 그만둘 때를 알아 멈추면 위태하지 않아서 가히 장구할 수 있다."[45]고 하는데, 손자병법을 관통하는 사상이 바로 '적을 알고 나를 알면 백번 싸워서 위태하지 않다(지피지기백전불태知彼知己百戰不殆)'는 것이다.

---

41 「계사전」 상7장, "子曰 勞而不伐 有功而不德 厚之至也"

42 『주역』 건乾괘 「문언전」, "善世而不伐"

43 『손자병법』, 「謀攻」, "不戰而屈人之兵 善之善者也"

44 『손자병법』, 「시계」, "經之以五事 …… 一曰道 二曰天 三曰地 四曰將 五曰法"

45 『도덕경』 제44장, "知足不辱 知止不殆 可以長久"

# 제31장 부병자夫兵者

## 무기는 상서롭지 못한 물건이다

◉**원문번역**

병기는 상서롭지 못한 물건이어서 조물주도 그것을 싫어한다.

夫兵者 不祥之器 物或惡之부병자 불상지기 물혹오지

그러므로 도를 지닌 사람은 그것에 몸을 두지 않는다.

故有道者不處고유도자불처

군자는 평소에는 왼쪽을 귀하게 여기지만,

君子居則貴左군자거즉귀좌

군대를 움직일 때는 오른쪽을 귀하게 여긴다.

用兵則貴右용병즉귀우

병기는 상서롭지 못한 물건이어서 군자가 다룰 물건이 아니다.

兵者不祥之器 非君子之器병자불상지기 비군자지기

어쩔 수 없이 그것을 쓸 때는 담담하게 하는 것이 상책이다.

不得已而用之 恬淡爲上부득이용지 염담위상

전쟁에서 승리해도 그것을 아름답게 여겨서는 안 된다.

勝而不美승이불미

전쟁에서 승리한 것을 아름답게 여기는 사람은 사람 죽이기를 좋아하는 자이다.

而美之者 是樂殺人이미지자 시락살인

사람 죽이기를 좋아하는 자는 천하에서 뜻을 이룰 수 없다.

夫樂殺人者 則不可得志於天下矣부락살인자 즉불가득지어천하의

길한 일에는 왼쪽을 숭상하고,

吉事尚左길사상좌

흉한 일에는 오른쪽을 숭상한다.

凶事尚右흉사상우

하지만 군에서는 부장군이 왼쪽에 위치하고,

偏將軍居左편장군거자

상장군이 오른쪽에 위치한다.

上將軍居右상장군거우

이것은 전쟁이 상서롭지 못한 것이어서 상례의식으로 다룬다는 말이다.

言以喪禮處之어이상례처지

사람을 많이 죽였으므로 슬피 울어 애도해야한다.

殺人之衆 以悲哀泣之살인지중 이비애읍지

전쟁에서 이겼을 경우라도 상례의식으로 처리해야 한다.

戰勝以喪禮處之전승이상례처지

◉ **주해**

앞 장에 이어 전쟁이 자연무위의 도에 어긋나는 것이라고 말한다.

병기는 흉기이며, 전쟁은 사람을 죽이는 짓이어서 어쩔 수 없는 경우에만 할지라도 상을 치루는 의식으로 처리해야 한다.

도에 어긋나는 전쟁을 일삼아 사람 죽이기를 좋아하는 자가 어찌 천하에서 옳은 뜻을 펼 수 있겠는가?

이 장에서 눈여겨 볼 대목은 사람은 평시에는 왼쪽을 숭상하는데, 전쟁을 할 때는 오른쪽을 숭상한다고 하는 부분이다.

임금은 북쪽을 등지고 남쪽을 향하여 앉아서 나라를 다스린다. 그래서 남면南面이라는 말이 임금이나 군주를 가리키는 의미로 쓰인다. 공자는 제자들의 인물평을 하면서 "옹이 남면하게 할 만한 사람이다."[46]이라고 한다.

여기서 남면 이야기를 하는 이유는 임금이 북쪽을 등지고 남쪽을 향하고 있다면 그 왼쪽은 해가 뜨는 동쪽이고, 오른쪽은 해가 지는 서쪽이 된다.

그래서 해가 뜨는 왼쪽은 양陽의 기가 솟아나는 곳으로 높이 치고, 해가 지는 서쪽은 음陰의 기운이 퍼지는 곳으로 좋은 곳이 아니다. 『주역』에서는 양의 기운은 강하고, 음의 기운은 유약하다고 본다. 특히 양은 생명이 살아나는 것을 의미하고, 음은 죽음을 의미한다.

고대 명당明堂을 예로 보면 이해하기 쉽다. 북쪽이 임금의 자리이고, 왼쪽은 청룡, 오른쪽은 백호, 남쪽은 주작이 위치하고 네 쪽의 안쪽 공간이 명당이 된다. 그래서 방향을 부를 때 좌청룡하고, 다음에 우백호라고 하지, 우백호라고 한 다음에 좌청룡이라고 하지 않는다. 또 조정에서 정승의 자리도 좌정승이 먼저이고, 우정승이 그 다음인 이유도 여기서 연유한다.

이것은 모두 역학의 오행론과 관계가 있는 부분이다.

이런 이유로 사람은 평소에는 강하고 생명의 활동을 의미하는 동쪽 내지 왼쪽을 길한 것으로 여기고, 유약하고 죽음을 상징하는 서쪽 내지 오른쪽은 좋게 여기지 않는다.

하지만 전쟁은 사람을 죽이는 일이므로 서열이 높은 상장군이 오른쪽에 위치하고, 서열이 낮은 부장군이 왼쪽에 자리하게 된다.

---

46 『논어: 옹야편』, "子曰 雍也可使南面"

앞장과 이장에서 노자가 살던 당시에 사람을 죽이고, 백성을 도탄으로 몰아가는 무력침략의 전쟁이 얼마나 빈번하고 잔혹했는지를 알 수 있게 한다.

또 노자가 반전론자일 뿐 아니라 『도덕경』을 쓰게 된 이유도 무도한 자들이 벌이는 전쟁과 백성에 대한 수탈의 참상을 막는 대안을 제시하고자 한 것임을 짐작케 한다.

# 제32장 도상무명道常無名

**도의 질박함은 통나무 같고, 포용력은 바다 같다**

## ◉ 원문번역

도라는 것은 영원히 이름이 없다.

道常無名도상무명

그것은 통나무처럼 질박하고, 비록 작지만

樸雖小박수소

천하의 누구도 도를 부릴 수 없다.

天下莫能臣천하막능신

임금과 제후가 만일 도를 지킬 수 있다면,

侯王若能守之후왕약능수지

만물이 장차 스스로 찾아올 것이다.

萬物將自賓만물장자빈

하늘과 땅이 화합하여 단 이슬이 내리 듯이,

天地相合 以降甘露천지상합 이강감로

백성은 명령하지 않아도 스스로 다스려질 것이다.

民莫之令而自均민막지령이자균

통나무를 쪼개서 물건을 만들면 비로소 이름이 생기게 된다.

始制有名시제유명

이름이 이미 생기게 되면 그칠 줄을 알아야 한다.

名亦既有 夫亦將知之명역기유 부역장지지

그칠 줄을 아는 것이 위험을 피하는 길이다.

知止可以不殆지지가이불태

비유하자면 도가 천하에 존재함은 내와 골짜기의 물이 강과 바다로 흘러드는 것과 같다.
譬道之在天下 猶川谷之於江海비도지재천하 유천곡지어강해

◉ 주해

이름이라는 것은 만물에 대해 붙여진 호칭이다. 그런데 천지 만물은 도로부터 생겨났다. 천지 만물을 창조한 도는 보려고 해도 볼 수 없고, 들으려 해도 들을 수 없으며, 감각으로 느낄 수 없는 무형무상의 것이다. 하지만 분명히 존재하는 것이어서 어쩔 수 없이 '도'라고 한 것일 뿐이다.

노자는 도를 통나무에 비유했다. 가공하지 않은 통나무는 질박하다. 하지만 통나무를 쪼개서 여러 가지 기물을 만든다. 이렇게 만들어진 기물에는 각각 이름이 붙여진다.

노자는 천하 만물을 낳아서 포용하는 비할 데 없이 큰 도를 아주 작은 통나무에 비유했기 때문에 '작지만 누구도 도를 부릴 수 없다'고 표현한 것이다.

제후나 임금이 만물을 낳아서 포용하는 도를 본받아 시행할 수 있다면 만물이 스스로 따라오게 마련이다.

이것을 천지의 운행이치에 비유하자면 하늘과 땅이 서로 화합하여 이슬을 내리는 것처럼 백성은 인위적인 명령을 내리지 않고, 억지로 시키지 않더라도 저절로 순박하고 편안하게 살아가게 된다.

여기서 천지상합天地相合이라는 말의 천지는 『주역』에서 양陽과 음陰에 해당한다. 세상 만물은 음과 양의 기운이 조화를 이루어서 생겨난다. 예컨대 여름에 천둥이 치는 것은 음전기와 양전기가 만나면서 엄청난 에너지를 발생시키는 소리다. 남녀가 교합하여서 자식을 낳는 것도 같은 이치이다. 이것이 모두 천지자연의 운행 이치이다. 인위적 명령이나 강제력에 의한 것이 아니라 저절로 그렇게 되는 것이다.

통나무를 쪼개서 기물을 만들었으니 통나무는 모체가 된다. 마찬가지로 천하만물이 도에서 나왔으니 도가 모체이고, 천하만물을 포용하는 것이다. 이것을 강이나 바다에 비유한 것이다. 냇물이나 계곡물은 모두 강과 바다로 흘러든다.

여기서 말하는 도는 영원히 이름이 없다는 표현은 앞의 28장과 뒤의 51장의 내용을 연계하면 도는 무형무상의 것으로 본래 이름이 없지만 억지로 도라고 이름 한 것이다. 그리고 이 도는 만물을 낳아서 기르고 덮어준다.

이것을 구체적으로 정리하면 본래 무형무상한 무명의 존재를 추상적으로 이름을 붙여 도라고 한 것이다. 그리고 도에서 나온 만물은 형체가 있어서 보고, 듣고, 지각으로 확인이 가능한 물건이다. 이 물건을 '기器'라고 한다.

즉 무형무상의 실체를 추상적으로 표현하여 도라 하고, 유형유상의 물건을 기라고 한다는 말이다.

노자의 이 표현은 이후 중국철학의 중요 개념으로 발전한다. 도와 기, 형이상과 형이하, 체와 용의 개념에서 추상과 구체, 본질과 현상 등의 인식의 범주를 구분하는 사고방식을 낳았다.

## 제33장 지인자지知人者智

### 죽어서도 잊혀지지 않는 것이 진정 장수하는 것이다

**◉원문번역**

다른 사람을 아는 것은 지혜이고,

**知人者智**지인자지

자신을 아는 것은 현명한 것이다.

**自知者明**자지자명

남을 이기는 것은 힘이 있는 것이고,

**勝人者有力**승인자유력

자신을 이기는 것은 정말로 강건한 것이다.

**自勝者强**자승자강

만족할 줄 아는 것이 바로 부유한 것이다.

**知足者富**지족자부

힘써서 행하는 것은 뜻이 있는 것이다.

**强行者有志**강행자유지

근본을 잃지 않는 것이 장구할 수 있다.

**不失所者久**부실소자구

죽어서도 잊혀지지 않는 것이 정말로 장수하는 것이다.

**死而不亡者壽**사이불망자수

◉ **주해**

자연무위의 도를 아는 사람은 자신의 수양과 덕행에 힘을 써서 영원히 보전할 수 있다는 것을 말한다.

다른 사람이 어떠한지를 아는 일은 쉽지 않다. 열 길 물속은 알 수 있어도 한 길도 안 되는 사람의 마음은 알 수 없다는 속담도 있지 않은가? 지혜가 있는 사람이라야 다른 사람을 알 수 있다.

하지만 남을 아는 것보다 더 어려운 것은 자신을 아는 일이다. 한비자韓非子는 "지혜의 어려움은 남을 알아보는 데 있지 않고, 자신을 알아보는데 있다. 그래서 자기 자신을 아는 것을 밝음(明)이라고 한다."[47]고 말한다.

또 다른 사람을 힘으로 이기는 사람은 힘이 센 것이다. 하지만 이것은 필부의 만용이다. 참으로 이기기 어려운 것은 자신이다. 사리사욕을 떨치고 대의명분을 지키는 것과 자신을 버리고 전체를 위해 사는 것은 어려운 일이다.

욕심을 버리고 천지자연의 무욕의 마음으로 산다면 천하를 얻은 것이나 다름없으니 이보다 부유할 수 있을까?

이런 일들을 추구하기 위해서는 노력을 게을리 해서는 안 된다. 『주역』에서도 "하늘의 운행은 굳건하다. 군자도 이를 본받아 스스로 힘쓰고, 잠시도 쉬지 않는다."[48]고 한다.

이렇게 사는 것이 정신적, 사상적으로 장구할 수 있는 길이다. 사람의 육신은 죽으면 흙으로 돌아가지만, 자연무위의 도를 체득한다면 영원토록 불멸하기 때문이다.

---

47 『한비자: 喩老』, "智之難 不在見人 在自見 故曰 自見之謂明"

48 『주역』 건乾괘 「상전」, "天行健 君子以自彊不息"

# 제34장 대도범혜大道汎兮

**공을 이루고도 뽐내지 않음은 큰 도이다**

**◉원문번역**

큰 도는 넓고 넓어서 두루 미치지 않는 곳이 없다.
大道氾兮 其可左右대도범혜 기가좌우

만물이 모두 도에 의지해 살지만 싫어하지 않는다.
萬物恃之以生而不辭만물시지이생이불사

공을 이루고도 스스로 공이 있다고 여기지 않는다.
功成而不有공성이불유

만물을 기르면서도 주인 노릇을 하지 않는다.
衣養萬物而不爲主의양만물이불위주

그러므로 항상 욕심이 없기 때문에 작다고 부를 수 있다.
故常無欲 可名於小고상무욕 가명어소

만물이 도로 돌아가지만 도는 주인 노릇을 하지 않기 때문에 크다고 할 수 있다.
萬物歸焉而不爲主만물귀언이불위주

이런 이치를 체득한 성인은 절대로 스스로를 크다고 하지 않는다.
是以聖人 以其終不自爲大시이성인 이기종부자위대

그렇기 때문에 큰 것을 이룰 수 있는 것이다.
故能成其大고능성기대

◉ 주해

도의 작용에 대해 이야기하고 있다.

노자는 이 장 말고도 2장에서 "만물을 흥기시키면서도 다투어 만들지 않고, 만물을 기르면서도 자신의 능력을 믿지 않고, 공이 이루어져도 스스로 자랑하고 뽐내지 않는다. 바로 자랑하고 뽐내지 않기 때문에 그 공이 사라지지 않는 것이다."라고 말했다.

또 뒤에 나오는 63장에서도 "성인은 스스로를 크다고 여기지 않아서 큰 것을 이룰 수 있다."고 말한다.

도의 크기는 천하 만물을 포용하므로 그만큼 큰 것이다. 한편으로는 욕심이 없으므로 아무것도 없는 만큼 작다고 할 수 있다.

여기서는 도가 무욕한 모습을 "만물을 낳아서 기르면서도 귀찮아하지 않고, 공을 이루고도 뽐내지 않고, 만물을 키우면서도 주인노릇을 하지 않는다."는 말로 묘사하고 있다.

노자의 설법은 항상 도의 내용을 먼저 말하고, 성인이나 사람이 이를 본받아야 함을 주장한다. 이른바 천도를 미루어 인사를 밝힌다는 '추천도명인사推天道明人事'의 방식이다.

이 장에서도 도의 자연무위의 작용에 관해 말을 한 다음, 이런 이치를 체득한 성인도 자연무위의 무욕으로 일을 처리하므로 큰 것을 이룰 수 있다고 한다.

이런 어법은 『주역』에서도 똑 같은 모습을 보이고 있다. 『역전』의 작자가 노자의 설법을 모방한 것으로 볼 수 있다.

예컨대 태泰괘 「단전」은 "천지가 사귀어 만물이 소통하고 편안해진다. 사람도 상하가 사귀어 그 뜻이 같아진다."[49]고 말한다. 비否괘에

---

49 『주역』 태泰괘 「단전」, "天地交而萬物通也 上下交而其志同也"

서는 "천지가 사귀지 못해서 만물이 통하지 못하고, 사람도 상하가 사귀지 못하여 천하에 나라가 없는 것이다."[50]고 한다.

---

50 『주역』 비否괘 「단전」, "天下不交而萬物不通也 上下不交而天下無邦也"

# 제35장 집대상執大象

**만물은 도에 따라야 평온하고 태평해진다**

### ◉ 원문번역

자연무위의 큰 도를 가지고 있으면 천하 만물이 돌아온다.

執大象 天下往집대상 천하왕

천하 만물이 도에 돌아가서는 서로 해를 끼치지 않으니, 안전하고, 평온하고, 태평하다.

往而不害 安平太왕이불해 안평태

음악소리와 맛있는 음식은 지나가는 나그네도 발걸음을 멈추게 한다.

樂與餌 過客止악여이 과객지

하지만 도를 말로 표현해봐야 맛이 없을 정도로 담담하다.

道之出口 淡乎其無味도지출구 담호기무미

또 도는 보려고 해도 볼 수가 없고,

視之不足見시지부족견

들으려고 해도 들을 수가 없다.

聽之不足聞청지부족문

그러나 도를 쓰는 것에서는 아무리 써도 다함이 없다.

用之不足旣용지부족기

### ◉ 주해

대상大象은 자연무위의 도를 말한다. 14장에서 "도는 그것을 보려고 해도 보이지 않아서 이夷라고 하며, 들으려고 해도 들리지 않아서 희希라고 하고, 잡으려고 해도 잡을 수 없어서 미微라고 부른다. 이 세 가지의 형상은 규명할 길이 없는데, 그것은 본래부터 하나로 뒤섞여 있기 때문이다. 그것의 위는 밝지 않으며, 아래도 어둡지 않고, 끝없이 이어지는데, 어떻게 묘사할 수 없으며, 아무것도 없는 곳으로 돌아간다. 이것을 형상 없는 형상이라고 하고, 아무것도 없는 모습이라고 한다.(시위무상지상是謂無狀之狀 무물지상無物之象)"고 했다.

즉 도의 모습은 무형무상하다. 그리고 41장에서는 대상은 무형하다고 말한다. 앞뒤를 연결하여 생각해보면 대상은 도를 말하는 것임을 알 수 있다.

도를 가지고 있으면 만물이 도에 의지하여 각자의 본분대로 살아간다. 도의 작용은 인위적이거나 억지로 하지 않고, 부드러우면서 다투지 않는데, 만물이 이렇게 살아가기 때문에 안전하고, 평온하고, 태평한 것이다.

듣기 좋은 음악소리나 맛있는 음식은 사람의 마음을 사로잡는다. 반면에 도라는 것은 무형무상하여 맛도 없고, 색깔도 없어 확인할 길이 없다. 사람들의 관심을 끌기 어려운 것이다.

하지만 도가 만물을 낳아 기르는 작용은 영원하여 아무리 써도 그침이 없다.

# 제36장 장욕흡지將欲歙之

## 오면 가고 가면 오는 것이 세상의 이치다

◉ **원문번역**

장차 거두고 싶으면 먼저 펼쳐야 한다.

將欲歙之 必固張之장욕흡지 필고장지

장차 약하게 하고 싶으면 먼저 강하게 해야 한다.

將欲弱之 必固强之장욕약지 필고강지

장차 폐하려고 하면 먼저 그것을 흥성하게 해야 한다.

將欲廢之 必固擧之장욕폐지 필고거지

장차 빼앗고자 하면 먼저 그것을 주어야 한다.

將欲取之 必固與之장욕취지 필고여지

은밀하여 잘 확인하기 어렵지만 분명하게 드러나는 만물운행의 이런 이치를 미명微明이라고 한다.

是謂微明시위미명

부드럽고 약한 것이 강한 것을 이긴다.

柔弱勝剛强유약승강강

물고기는 연못을 떠나면 살 수 없고,

魚不可脫於淵어불가탈어연

나라의 날카로운 기구는 함부로 다른 사람에게 보여서는 안 된다.

國之利器 不可以示人국지리기 불가이시인

◉ 주해

첫째 단락은 권모술수의 음모가 담긴 내용이라고 오해할 수 있는 부분이다. 하지만 이런 오해는 천지자연의 운행이치를 이해하지 못한 데서 나오는 것이다.

만물은 대립하는 가운데 서로 전화하면서 순환한다. 하루를 예로 들면 아침에 태양이 솟아 정오에 극성하고, 저녁에는 서산으로 진다. 그 다음은 어두움이 몰려와서 밤이 되고, 자정에 밤이 절정에 이른 뒤에 새벽에 다시 태양이 솟는다. 마찬가지로 1년 중에 봄과 여름은 생명이 솟아나서 절정을 이루지만 가을과 겨울에는 생명의 기운을 거두어 안으로 응축하여 겨울잠을 자는 것이다. 더 쉬운 예는 꽃이 활짝 핀 다음에는 시드는 것이다. 이것이 만물이 대립하면서 전화하여 발전하는 이치인 것이다.

이런 만물의 운행법칙에 대해 노자는 이미 2장에서 "유와 무는 서로 낳아주고, 어려움과 쉬움은 서로 이루어주고, 길고 짧음은 드러나게 하고, 높고 낮음은 서로 기울며, 음과 소리는 서로 조화하며, 앞과 뒤는 서로 따른다. 이것이 세상의 변함없는 모습이다."라고 설명했다.

또 22장에서는 "굽으면 오히려 온전할 수 있고, 구부려야 펼 수 있다. 밑이 움푹하면 오히려 채울 수 있고, 낡아야 새로워질 수 있다. 욕심이 적으면 오히려 만족을 얻고, 많이 탐하면 오히려 미혹에 빠진다. …… 스스로 드러내지 않으므로 오히려 밝게 빛날 수 있고, 스로 옳다고 생각하지 않으므로 오히려 뚜렷이 드러나고, 스스로 자랑하지 않으므로 공이 있게 되고, 스스로 자랑하고 교만하지 않으므로 오리혀 오래 갈 수 있다."고 말한다.

이런 만물의 운행법칙은 볼 수 없고, 들을 수 없으며, 감각으로 느낄 수 없어서 은미隱微하지만 분명하게 드러나는 것이다. 그래서 '미명微明'이라고 한 것이다.

노자는 유약한 것이 강한 것을 이긴다고 한다. 이 말은 노자가 『주역』 건乾괘와 곤坤괘 중에서 곤괘의 유연함과 포용성을 강조하는 철학에서 나온 것이다.

노자는 이 장 말고도 43장에서 "세상에서 가장 유연한 것이 가장 단단한 것을 부릴 수 있다."고 말하고, 76장에서는 "강한 것은 오히려 낮은 자리에 있고, 유약한 것이 오히려 위를 차지한다."고도 한다.

또 78장에서는 "세상에서 물보다 약하고 부드러운 것은 없지만, 물을 이길 수 있는 것은 없다."고도 한다.

강함과 부드러움의 개념은 『주역』에서는 곧 우주만물의 운행법칙을 말하는 도와 같다. 『주역』에서는 "한 번은 음이 작용하고, 한 번은 양이 작용하는 것을 도道라고 한다."[51]라고 한다. 그런데 양은 강함을 말하고, 음은 유약함을 말한다. 그러므로 강함과 유함이 대립하면서 서로 전화해가는 것이 바로 만물의 운행법칙인 것이다. 다만 『주역』에서는 양의 강함을 더 높이 평가하고, 노자는 음의 유약함이 갖는 포용력, 허정, 무위 등을 귀하게 여기는 것이 다를 뿐이다.

날카로운 기물은 함부로 다른 사람에게 보여줘서는 안 된다는 것은 백성들을 놀라게 하는 권세나 금령을 마구 휘둘러서는 안 된다는 것이다. 만일 위정자가 엄격하고 준엄한 형벌만 사용하여 백성을 제재한다면 이것은 날카로운 기물을 써서 남에게 보여주는 것이다.

비유하자면 물고기가 물속에 잠겨 있어야 하듯, 날카로운 기물은 함부로 남에게 드러내어 과시하고, 휘둘러서는 안 되는 것이다.

---

51 「계사전」 상5장, "一陰一陽之謂道"

# 제37장 도상무위道常無爲

## 만물은 강제하지 않으면 저절로 자란다

### ◉원문번역

도는 항상 만물이 스스로 이루어지도록 맡겨두지만 그렇게 되지 않는 것은 없다.

道常無爲而無不爲도상무위이무불위

다스리는 자가 만일 이런 이치를 지킨다면 만물은 스스로 자랄 수 있을 것이다.

侯王若能守之 萬物將自化후왕약능수지 만물장자화

스스로 자라면서도 탐욕이 일어난다면, 나는 질박한 자연무위의 도로써 그것을 진정시킬 것이다.

化而欲作 吾將鎭之以無名之樸화이욕작 오장진지이무명지박

자연무위의 질박한 도를 쓰면, 그들이 탐욕을 부리지 않을 것이다.

無名之樸 夫亦將不欲무명지박 부역장불욕

탐욕이 일어나지 않아서 고요함으로 돌아가면 천하는 저절로 안정될 것이다.

不欲以靜 天下將自定불욕이정 천하장자정

### ◉주해

앞서 2장에서도 말했듯이 '무위無爲'는 아무 것도 하지 않는 것이 아니라 만물에 대해 인위적이거나 억지로 간섭을 하지 않고 스스로 이루어나가도록 한다는 의미다. 즉 스스로 그렇게 되도록 간섭하지 않고 놓아둔다는 자연무위를 말하는 것이다.

도는 항상 이렇게 무위의 방식으로 만물을 다루지만, 만물은 스스로 자라서 이루지 않는 법이 없다. 이것을 '무불위無不爲'라고 한다.

이 부분은 자연의 이치를 말한 것이다. 그리고 이어서 이런 이치를 사람이 본받아야함을 말한다. 천도를 먼저 말하고 이를 준거로 사람의 문제를 밝히는 방식이다.

그래서 다스리는 자가 자연의 이치를 지킨다면 백성이 저절로 이루어가고, 교화된다는 것이다.

그럼에도 불구하고 만물이 혹시 탐욕을 부린다면 도의 자연무위 방식으로 다시 탐욕을 진정시키게 되면 탐욕이 사라질 것이고, 그렇게 되면 천하는 안정될 수밖에 없다.

'무위이무불위無爲而無不爲'라는 말은 48장에서도 보인다.

노자는 위정자가 백성을 다스리는 방법은 무위의 방식이어야 함을 강조하고 있다. 백성들이 스스로 이루어가도록 맡겨두고, 간섭하지 말아야 한다는 것이다.

이렇게 하기 위해서는 위정자 스스로 공명심을 부추기거나, 탐욕을 갖게 할 만한 행위를 하지 않아야 한다. 즉 사회를 통나무처럼 질박한 분위기로 유지해야 한다. 그렇게 되면 백성은 안정되고, 평안해지게 마련이라는 것이다.

# 제38장 상덕부덕上德不德

### 가장 훌륭한 덕은 사리사욕이 없는 것이다

**◉원문번역**

가장 훌륭한 덕을 가진 사람은 덕을 마음에 두지 않으므로 덕을 갖게 된다.

上德不德 是以有德상덕부덕 시이유덕

덕이 적은 사람은 덕을 잃지 않으려고 애를 쓰기 때문에 덕이 없다.

下德不失德 是以無德하덕부실덕 시이무덕

가장 훌륭한 덕을 가진 사람은 억지로 하지 않아서 인위적인 것이 없다.

上德無爲 而無以爲상덕무위 이무이위

덕이 적은 사람은 억지로 하여 인위적인 곳이 있다.

下德爲之 而有以爲하덕위지 이유이위

뛰어난 인을 가진 사람은 무엇을 하되, 의도한 바가 없다.

上仁爲之 而無以爲상인위지 이무이위

뛰어난 의를 가진 사람은 무엇을 하되, 의도한 바가 있다.

上義爲之 而有以爲상의위지 이유이위

뛰어난 예를 가진 사람은 무엇을 하되, 호응함이 없으면 팔을 걷어붙이고 억지로 따르도록 한다.

上禮爲之 而莫之應 則攘臂而扔之상예위지 이막지응 즉양비이잉지

그러므로 도를 잃은 뒤에 덕이 생겨나고

故失道而後德고실도이후덕

덕을 잃은 뒤에야 인이 생겨나며,

失德而後仁실덕이후인

인을 잃어버린 뒤에 의가 있게 되고,

失仁而後義실인이후의

의를 잃어버린 뒤에야 예가 있게 된다.

失義而後禮실의이후예

무릇 예는 진심과 신의가 엷어진데서 나온 것으로 어지러움의 시초이다.

夫禮者 忠信之薄 而亂之首부예자 충신지박 이란지수

미리 깨닫는 지혜는 도의 화려함이지만,

前識者 道之華전식자 도지화

어리석음의 시작이기도 하다.

而愚之始이우지시

그래서 대장부는 도타움에 처하고, 엷음에 처하지 않는다.

是以大丈夫處其厚 不居其薄시이대장부처기후 불거기박

또 마음을 독실하게 하여 화려함에 처하지 않는다.

處其實 不居其華처기실 불거기화

그래서 엷음과 화려함을 버리고 두터움과 독실함을 취한다.

故去彼取此고거피취차

◉ 주해

노자의 사상을 담고 있는 『도덕경』의 이름이 상편 첫 장의 '도가도비상도'에서 '도' 자를 따고, 하편 첫 장인 이 장의 '상덕부덕'에서 덕을 취해서 붙인 이름이라는 것은 처음에 이야기 했다.

그리고 도와 덕의 관계에 대해서도 덕은 도가 우주만물에 작용하여 드러나는 결과라고 정리한 바 있다. 다시 말하면 무형의 도에서 나온 유형의 천지만물이 근원인 도의 본성을 고스란히 이어받은 것을 덕이라고 하는 것이다.

51장에서는 "도가 낳고, 덕이 길러 자라게 하여 길러내고, 안정되게 하여 두텁게 하고, 길러서 덮어주는 것을 그윽한 덕이라고 한다."고 설명하고 있다.

그러므로 도가 만물에 작용하는 것을 덕이라고 하는 것이다. 즉 도가 체體라면 덕은 용用이라는 말이다. 그래서 덕은 도를 따르는 것이다. 21장에서는 위대한 덕의 모습은 오직 도에 따른다고 말한다. 즉 덕은 도를 따르기 때문에 덕의 속에는 도의 법칙성이 내재한다.

그런데 도의 본성은 만물에 대해 인위적으로 어떤 의도를 갖고 억지로 하지 않는 자연무위의 방식을 취한다. 그렇다면 도를 본받은 덕 또한 인위적이지 않고, 무위의 방식을 취하는 것이 도와 합치하는 본 모습이 된다.

그래서 이 장에서는 도의 무위의 방식을 본받아서 어떤 의도를 갖지 않고 만물에 대해 스스로 이루어지도록 맡겨두는 덕이 가장 훌륭한 덕이라고 하는 것이다. 물론 의도를 가지고 어떤 일을 하면서 생색을 내게 되면 이것은 덕이 없는 꼴이 된다. 즉 하덕인 것이다.

노자는 다시 도의 본래 모습을 잃은 하덕을 인과 의, 그리고 예의 순으로 등급을 나눈다.

일반적으로 유가에서 말하는 인과 의는 상당히 높은 가치를 의미한다. 하지만 인과 의는 이미 도의 욕심 없는 본성을 닮지 못하고, 어떤 의도를 가지고 있기 때문에 낮은 덕이라고 한다.

특히 하덕 중에서 예는 더욱 낮은 단계에 속한다. 예는 사람들에게 억지로 하게 하는 의미가 담겨 있다. 그렇기 때문에 예를 행하지 않는 사람에게는 예를 강요하는 것이다.

그리고 이 예마저도 존재를 잃게 된 뒤에는 법이라는 극단적 강제 수단이 등장하게 된다.

사실 공자가 주장하는 예라는 것은 주나라가 천하를 통일한 뒤에 마련한 종법봉건제도를 비롯한 문물제도를 따르는 것을 말한다. 공자는 주나라의 문물제도가 무너져서 사회가 혼란하고, 백성이 도탄에 빠지게 된 것으로 보고, 예제의 회복을 주장한 것이다.

그런데 노자는 예제의 회복보다도 더 근본적인 천지만물이 무욕의 상태인 각자 타고난 본성대로 살아가는 자연무위의 사회로 돌아가야 한다고 주장한 것이다.

## 제39장 석지득일昔之得一

### 도는 낮은 곳에 처하면서도 만물을 이롭게 한다

**◉ 원문번역**

옛날에 하나(도道)를 얻었다고 하는 것은 이런 말이다.

昔之得一者석지득일자

하늘은 도를 얻어서 맑고,

天得一以清천득일이청

땅은 도를 얻어서 안정되고,

地得一以寧지득일이녕

신은 도를 얻어서 영험하고,

神得一以靈신득일이령

골짜기는 도를 얻어서 물이 가득차고,

谷得一以盈곡득일이영

만물은 도를 얻어서 생겨나고,

萬物得一以生만물득일이생

왕과 제후는 도를 얻어서 천하를 바르게 한다.

侯王得一以天下正후왕득일이천하정

이것을 미루어 말하면 다음과 같다.

其致之也기치지야

하늘이 맑음을 얻지 못하면 무너질 것이고,

天無以清 將恐裂천무이청 장공렬

땅이 안정을 얻지 못하면 갈라질 것이고,

地無以寧 將恐發지무이녕 장공발

신이 신령함을 얻지 못하면 영험이 멈출 것이고,
神無以靈 將恐歇신무이령 장공헐

골짜기가 물이 가득차지 못하면 말라붙을 것이고,
谷無以盈 將恐竭곡무이영 장공갈

만물이 생겨남을 얻지 못하면 멸종될 것이고,
萬物無以生 將恐滅만물무이생 장공멸

왕과 제후가 천하를 바르게 하지 못하면 멸망할 것이다.
侯王無以正 將恐蹶후왕무이정 장공궐

그러므로 귀한 것은 천한 것으로 근본을 삼고,
故貴以賤爲本고귀이천위본

높은 것은 낮은 것으로써 토대를 삼는 것이다.
高以下爲基고이하위기

이런 까닭에 왕과 제후는 스스로를 고孤·과인寡人·불곡不穀이라고 부르는 것이다.
是以侯王自謂孤寡不谷시이후왕자위고과불곡

이것은 낮고 천한 것으로 근본을 삼는 것이 아니겠는가? 그렇지 않은가?
此非以賤爲本耶 非乎차비이천위본야 비호

그러므로 최고의 명예는 명예가 없는 것과 같은 것이다.
故至譽無譽고지예무예

그러므로 옥돌처럼 화려한 것을 바라지 않고, 소박한 돌처럼 되고자 한다.
是故不欲琭琭如玉 珞珞如石시고불욕록록여옥 락락여석

◉ 주해

하나(一)는 도를 말하는 것이다. 노자는 도에서 천하 만물이 나오는 과정을 42장에서 "도가 하나를 낳고, 하나가 둘을 낳으며, 둘이 셋을 낳고, 셋이 만물을 낳는다."고 설명한다.

노자는 여기서도 하늘·땅·신명·골짜기 등 천지자연에 대해 먼저 말하고, 이어서 위정자 또한 도로부터 부여받은 자연무위의 방식으로 천하에 모범이 되어야 한다고 강조한다.

천지자연인 하늘·땅·신명·골짜기가 도로부터 부여받은 역할을 제대로 하지 못하면 천지가 붕괴하고, 신령이 영험을 발휘하지 못하며, 골짜기의 물은 고갈돼 생명이 유지될 수 없다.

마찬가지로 왕과 제후가 도의 방식으로 천하를 바로 하지 않으면 백성을 괴롭히는 결과를 가져와 결국은 패망하게 된다.

그런데 천지자연이 부여받은 도의 작용은 무욕과 억지로 하지 않는 무위, 그리고 계곡의 물과 같이 낮고 천한 곳에 머무는 것이다. 도의 본래 모습이 이런 것이기 때문에 천하에 고귀한 것이나 높고 화려한 것은 모두 비루하고, 낮으며, 질박한 것에 나온 것임을 알아야 한다.

## 제40장 반자도지동反者道之動

### 천하의 도는 돌고 돈다

◉ **원문번역**

순환하는 것이 도의 운동이다.
反者道之動반자도지동

유약함은 도의 작용이다.
弱者道之用약자도지용

천하 만물은 유에서 나오고,
天下萬物生於有천하만물생어유

유는 무에서 나온다.
有生於無유생어무

◉ **주해**

이 장은 아주 짧지만 도의 순환작용과 만물의 기원에 관해 명쾌하게 정리하고 있다.

먼저 뒷부분의 천하 만물은 유에서 나오고, 유는 무에서 나온다는 내용부터 살펴보자.

1장에서는 "무無는 천지가 시작되는 것을 가리키는 것이고, 유有는 만물이 나오는 근원을 말한다. 그러므로 진정한 무로는 천지의 시작이 되는 도의 오묘함을 볼 수 있고, 참된 유로는 도의 작용에 의한 결과를 볼 수 있다. …… 무와 유의 도가 만물이 나오는 문이다."고 했다.

그런데 이 장에서는 도에서 만물이 생겨나는 과정을 한 눈에 알아볼 수 있도록 정리하고 있는 것이다.

즉 1장과 이 장의 내용을 연계해보면 도는 본래 무이지만 유를 포함한다. 즉 무형무상의 도가 만물을 낳는 작용을 하기 때문에 무의 도에서 유가 나온다고 말한 것이다. 그리고 유에서 만물이 나오는 것이다.

그런데 여기서 말하는 유는 실제로 보고, 듣고, 지각할 수 있는 유형의 만물을 가리키는 것이 아니고, 무형의 도가 가지고 있는 만물창조의 작용능력을 말하는 것이다.

실제로는 여기서의 유는 무형의 도에 포함된 추상적 의미라고 할 수 있다.

앞부분은 우주 순환론에 관한 내용이다.

반反이라는 글자는 '상반되다' 혹은 '반대쪽'을 의미하기도 하고, '되돌아가다(반返)'는 뜻도 있다.

여기서의 반자는 이 두 가지 의미를 모두 가지고 있다. 노자의 철학으로는 모든 사물은 대립관계를 통해 서로 전화하면서, 이런 과정을 반복하여 순환한다고 보기 때문이다. 이 부분은 앞서 이야기 된 부분이다.

끝으로 도의 작용은 유약하다는 말 역시 앞서 이야기한 바 있다. 노자는 도의 성질을 『주역』 곤坤괘의 유연하면서 만물을 포용하여 기르는 후덕厚德에 비유한다.

그래서 도의 작용이 유약하다고 할 때 유약은 도가 천지 만물을 창조하고 길러내는 힘이 유약한 것이 아니라 물처럼 부드럽고, 낮은 곳에 처하는 겸손한 모습이지만 어떤 강함도 굴복시킬 힘을 가지고 있다는 말이다.

## 제41장 상사문도上士聞道

### 정말 현명한 사람은 아주 어리석은 것 같다

**◉ 원문번역**

현명한 선비는 도를 들으면 힘써 실천한다.

上士聞道 勤而行之상사문도 근이행지

보통의 선비는 도를 들으면 반신반의한다.

中士聞道 若存若亡중사문도 약존약망

어리석은 선비는 도를 들으면 비웃어버린다.

下士聞道 大笑之하사문도 대소지

도가 어리석은 자들로부터 비웃음을 당하지 않는다면 오히려 도라고 하기에 부족한 것이다.

不笑不足以爲道부소부족이위도

그래서 옛 사람이 다음과 같이 말했다.

故立言有之고입언유지

밝은 도는 어두운 것 같고,

明道若昧명도약매

앞으로 나아가는 도는 뒤로 물러나는 것 같고,

進道若退진도약퇴

평탄한 도는 울퉁불퉁한 것 같고,

夷道若纇이도약뢰

큰 덕은 낮은 골짜기와 같고,

上德若谷상덕약곡

아주 깨끗한 것은 때가 묻은 것 같고,

大白若辱대백약욕

넓은 덕은 부족한 것 같고,

廣德若不足광덕약부족

강건한 덕은 나약한 것 같고,

建德若偸건덕약투

질박하고 순진한 것은 변질된 것 같다,

質眞若渝질진약유

가장 네모진 것에는 오히려 모서리가 없다.

大方無隅대방무우

큰 그릇은 오히려 늦게 이루어진다.

大器晩成대기만성

큰 소리는 오히려 들리지 않는다.

大音希聲대음희성

큰 형상은 모습이 드러나지 않는다.

大象無形대상무형

도는 감춰져 있어 이름이 없다.

道隱無名도은무명

그러나 도만이 시작을 잘 하고, 또 마무리도 잘한다.

夫有道 善始且善成부유도 선시차선성

◉ 주해

천지의 시작이자 만물의 근원이고, 만물이 운행하는 법칙인 도는 사람이 보려고 해도 볼 수 없고, 들으려고 해도 들을 수 없으며, 감각 기관으로 느끼려 해도 확인하기 어려운 것이다.

하지만 상등의 선비는 우주만물이 운행되는 법칙에 대해서 들으면 이해하고, 힘써서 이를 실행하려고 한다.

보통의 사람이라면 그러한 법칙이 정말 있는 것인지 아니면 없는 것인지 확신이 서지 않는다. 당연히 힘써 실천하기는 어려운 것이다. 그러나 이런 사람에게 도가 있는 것을 확인만 시킨다면 도를 따를 확률은 높다.

반면에 하등의 선비는 도가 있다는 말을 듣고도 세상에 그런 것은 존재하지 않는다고 비웃는다. 구제불능의 선비라고 해야 할 것이다.

공자는 "나면서부터 도를 아는 사람은 최상이며, 배워서 아는 사람은 그 다음이고, 어려움이 닥쳐서 배우는 사람이 그 다음이며, 어려움이 닥쳐서도 배우려 들지 않는 사람은 백성이 최하위로 친다."[52]고 한다.

여기서 공자가 말하는 도는 민중의 생활을 안정시키는 선왕의 정치방식을 말한다. 우주의 운행법칙을 말하는 노자의 도와 같은 의미는 아니지만, 도를 본받아서 민중의 평안과 행복을 위한 정치를 이행하는 면에서는 노자가 말하는 도의 큰 가지라고 할 수 있을 것이다.

아무튼 우주만물의 법칙인 도는 무형무상이어서 이것을 알기가 쉽지 않다. 그러니 하등의 선비들로서는 도가 있다는 말을 들으면 비웃는 것이 당연한 것이다.

노자는 또 만물에 나타나는 도의 모습을 묘사하고 있다. 그런데 이 표현법 또한 노자가 자주 사용하는 정과 반의 대립상황을 통해 정과 반은 서로 통한다는 논리를 펴고 있다.

"밝은 도는 어두운 것 같고, 평탄한 도는 울퉁불퉁한 것 같고, 가장

---

52 『논어: 계씨편』, "子曰 生而知之者 上也 學而知之者 次也 困而學之 又其次也 困而不學 民斯爲下矣"

깨끗한 것은 더러운 것과 같다."고 하는 표현은 2장에서 말하는 "유와 무는 서로 낳아주고, 어려움과 쉬움은 서로 이루어주고, 길고 짧음은 드러나게 하고, 높고 낮음은 서로 기울며, 음과 소리는 서로 조화하며, 앞과 뒤는 서로 따른다. 이것이 세상의 변함없는 모습이다."라고 하는 표현과 같은 방식이다.

마지막 문장의 "도는 감춰져 있어서 이름조차 없지만, 만물이 생겨나서 다시 온 곳으로 돌아가는 순환운동을 잘 하도록 하는 일은 도 말고는 없다."는 것이다.

즉 감춰져서 없는 것 같은 도의 작용은 천하 만물에 두루 미치지 않음이 없으니 이보다 더 분명하게 드러나는 것이 있겠는가?

## 제42장 도생일道生一

### 만물은 음과 양의 조화로 이루어진다

**◉원문번역**

도는 하나를 낳고,

道生一도생일

하나는 둘을 낳고,

一生二일생이

둘은 셋을 낳고,

二生三이생삼

셋은 만물을 낳는다.

三生萬物삼생만물

만물은 음의 기운을 등에 업고, 양의 기운을 끌어안고 있다.

萬物負陰而抱陽만물부음이포양

만물을 이루는 음양의 기운은 허정한 기운으로 조화를 삼는다.

冲氣以爲化충기이위화

사람들이 싫어하는 것은 고孤·과寡·불곡不穀이라는 말인데, 왕공은 이런 말로 자신의 호칭을 삼는다.

人之所惡 唯孤寡不穀 而王公以謂稱인지소오 유고과불곡 이왕공이위칭

그러므로 물건은 그것을 덜어내면 늘어나고, 늘리면 줄어든다.

故物或損之而益 或益之而損고물혹손지이익 혹익지이손

남들이 가르치는 것을 나 또한 가르치겠다.

人之所敎 我亦敎之인지소교 아역교지

사납고 포악한 사람은 좋게 죽을 수 없다.

强梁者不得其死강양자부득기사

나는 이 말을 가르침의 근본으로 삼으려고 한다.

吾將以爲教父오장이위교부

◉ 주해

이 장의 앞에 문장은 노자의 우주만물생성론이다. 앞서 이야기한 바와 같이 노자의 우주생성론은 도, 일, 이, 삼, 만물로 표현된다. 『주역』에서는 역, 태극, 양의, 사상, 팔괘, 만물로 표현한다. 양 자를 비교하면 노자의 도와 『주역』의 역은 같은 개념이다. 그리고 1과 태극은 혼돈스럽게 뒤섞여서 이루는 '하나'라고 하는 것이다. 이어서 1과 태극은 갈라져서 음양을 이룬다.

음과 양이 서로 작용하여 만물을 낳고, 순환 운행하도록 하는 것, 그것을 '도'라고 한다.

이 장에서 중요한 대목은 "만물은 음을 등에 지고, 양을 끌어안고서, 허무의 기로써 조화를 이룬다."고 하는 부분이다.

이 대목은 노자가 만물생성론에 처음으로 음양이라는 용어를 도입한 부분이다.

이어서 장자는 「천하편」에서 "역은 음양을 말한다.(역이도음양易以道陰陽)"고 하여, 우주의 생성운행에서 음양의 역할을 구체적으로 설명한다.

그리고 『역전』은 노자와 장자의 이 음양관의 영향을 받아서 "한 번은 음이 작용하고, 한 번은 양이 작용하는 것을 도라고 한다."[53]고 도

53 「계사전」 상5장, "一陰一陽之謂道"

를 한 마디로 정의하고 있다.

"허정한 기운으로써 조화를 이룬다."고 하는 대목은 만물이 음양의 기로 이루어지고, 작용하지만 모든 만물은 도에서 나왔기 때문에 도의 본성인 허정한 기운(이것을 충기沖氣라고 하는 것임)이 중심이 되어 음과 양의 조화를 이루어 간다는 것이다.

이 내용은 노자 당시의 과학으로는 신묘하고, 대단한 통찰력에서 나온 것이지만, 현대 과학 지식으로는 일반화된 내용이다.

즉 만물의 기본인 원자는 중성자를 중심으로 양자와 음전자가 선회하고 있다는 것이다. 그리고 나아가서 만물은 이렇게 도의 본성 또는 태극의 본성을 가지고 있기 때문에 말단 세포가 전체의 정보를 가지고 있다는 것이다. 그래서 세포를 복제하여 본래의 성체를 복원할 수 있는 것이다.

송명 이학자들은 이것을 만물은 각각 태극을 가지고 있다는 의미로 '만물각구일태극萬物各具一太極'이라는 표현을 썼다.

두 번째 문장의 "사람들이 싫어하는 것은 고孤·과寡·불곡不穀이라는 말인데, 왕공은 이런 말로 자신의 호칭을 삼는다."는 앞의 39장에서도 나왔다.

이어서 "물건은 그것을 덜어내면 늘어나고, 늘리면 줄어든다."는 말은 『주역』의 손損괘와 익益괘와 연관지어 생각해 볼 수 있는 부분이다.

손괘 「단전」은 "손은 아래를 덜어서 위에 더하므로 도가 위로 올라가 행하는 것이다."[54]고 한다.

또 익괘 「단전」은 "익은 위를 덜어 아래에 더해주니 백성의 기쁨이 끝이 없고, 위로부터 아래에 낮추니 그 도가 크게 빛난다."[55]고 한다.

---

54 『주역』 손損괘 「단전」, "損 損下益上 其道上行"

55 『주역』 익益괘 「단전」, "益 損上益下 民說無疆 自上下下 其道大光"

위정자가 스스로를 낮추면 도가 빛난다고 하는 것이니. 아래를 덜면 위가 더해지고, 위를 덜면 아래에 더해지므로 결국 더하려면 덜어야 하고, 덜면 더해지는 것 아닌가? 이것이 세상의 이치이자 우주의 법칙인 것이다.

# 제43장 천하지지유天下之至柔

## 가장 부드러운 것이 가장 강한 것을 이긴다

### ◉원문번역

세상에서 가장 부드러운 것이 가장 강한 것을 부린다.
天下之至柔 馳騁天下之至堅천하지지유 치빙천하지지견

형체가 없는 것은 빈틈이 없는 것을 뚫고 들어간다.
無有入無間무유입무간

이런 이치로 나는 인위적으로 하지 않는 '무위'의 유익함을 안다.
吾是以知無爲之有益오시이지무위지유익

말없이 보여주는 가르침과 무위의 유익함은 세상에서 이것에 미칠 만한 것이 없다.
不言之教 無爲之益 天下希及之불언지교 무위지익 천하희급지

### ◉주해

노자는 이 장에서 천지의 시작이면서 만물의 근원인 도를 지유, 무위, 불언 등을 써서 표현하고 있다.

도의 몸체는 보려고 해도 볼 수 없고, 들으려고 해도 들을 수 없으며, 감각으로 느끼려 해도 지각이 불가한 무형무상이다.

이런 무상의 도가 천하 만물을 낳아 키우는 작용의 모습은 부드럽고 약하다. 40장에서는 부드럽고 약한 것이 도의 작용(弱者道之用)라고 했다.

도의 작용이 드러나는 모습을 덕이라고 하는데, 최고의 덕은 물과 같다는 것이다.

그러므로 노자에게 있어서는 물이 도의 모습을 설명하기에 가장 알맞은 물건이다.

물은 부드럽고 약하며, 낮은 곳으로 흘러 더러운 곳에 처하기를 잘하고, 억지로 하지 않으면서 만물을 이롭게 하고, 강한 것을 이기는 강인함을 가지고 있다. 도의 모습을 나타내는데 있어 물보다 나은 것은 없다.

그런데 노자는 이 장에서 물의 여러 특성 중에서 하나씩 떼어서 도에 비유하고 있다.

세에서 가장 부드러운 물은 가장 강한 바위를 뚫는다. 형체가 없는 물은 아무리 작은 틈이라도 뚫고 들어간다.

말없는 가르침이라는 것 또한 무위의 다른 표현이다.

노자가 여기서 하려는 말은 도의 자연무위의 방식을 재차 강조하려는 것이다.

한편, 지유至柔와 지견至堅에서 견은 강剛을 말하는 것이다. 즉 노자는 여기서 강과 유라는 개념을 대립물로 놓고, 도의 모습을 유에 비유하고 있다.

노자는 이 장 말고도 36장에서 "부드럽고 약한 것이 강한 것을 이긴다〈유약승강강柔弱勝剛强〉."라고 하는 것을 비롯해 76장과 78장에서도 거듭 유와 강을 끌어다 도를 비유하고 있다.

이 강과 유의 개념은 『주역』에서 역의 이치를 설명하는 데에도 등장한다. 『주역』 64괘 가운데 51개 괘에서 강유의 글자가 나온다. 예컨대 이離괘 「단전」은 "유가 강에게 밟힌 것이다.(유리강야柔履剛也)"라고 하며, 둔屯괘 「단전」에서는 "강과 유가 처음 사귀어 어려움이 생겼다.(강유시교이난생剛柔始交而難生)"라고 한다.

이는 『주역』이 역의 이치를 해석하는 데 있어서 노자의 강유관념을 끌어들인 것으로 볼 수 있다.

# 제44장 명여신名與身

### 만족을 알고 적절한 때 멈추면 위태한 일이 없다

**◉ 원문번역**

명예와 몸을 비교하면 어느 것이 나와 더 가까운가?

名與身孰親명여신숙친

몸과 재물을 비교하면 어느 것이 나에게 더 소중한가?

身與貨孰多신여화숙다

명예와 재물을 얻는 것과 생명을 잃는 것 가운데 어느 것이 더 해로운가?

得與亡孰病득여망숙병

이런 이유로 지나치게 애착이 심하면 반드시 큰 대가를 지불해야 하고,

是故甚愛必大費시고심애필대비

많이 쌓아두면 반드시 크게 잃는다.

多藏必厚亡다장필후망

그래서 만족할 줄 알면 욕되지 않고,

故知足不辱고지족불욕

그칠 줄 알면 위태하지 않아서 오래 갈 수 있다.

知止不殆 可以長久지지불태 가이장구

**◉ 주해**

명예와 재물을 탐내어 몸을 망치는 사람들에게 전하는 말이다.

노자는 보통 도에 관해 먼저 말하고, 그래서 사람은 그를 본받아야 한다고 하는 어법을 쓰는데, 이 장에서는 곧 바로 인생론을 말하고 있다.

하지만 도가 영원할 수 있는 것은 억지로 하지 않고, 욕심을 갖지 않기 때문임을 앞에서 반복하여 말했다.

그러므로 천지자연의 도로부터 부여받은 나의 몸을 온전하게 오랫동안 보전하는 것이 중요하다. 그리고 몸을 온전히 오랫동안 보전하는 방법은 역시 도의 본성을 따르는 것이 최상이다.

겉보기에 화려한 것 같은 명예가 나의 생명보다 중요하지 않다. 많은 재화를 가졌다 해도 역시 생명보다 귀하지 않다.

더구나 많이 가지려는 욕심은 반드시 그에 상응하는 대가를 치르게 마련이다.

그래서 만족할 줄 알고, 적정한 선에서 그칠 줄 안다면 위태로울 것이 없게 된다. 그러면 오랫동안 진정 귀중한 것을 온전히 보전할 수 있는 것이다.

# 제45장 대성약결大成若缺

## 가장 잘 완성된 것은 결함이 있는 듯 하다

◉ **원문번역**

가장 잘 이루어진 것은 마치 모자라는 것 같지만, 그 쓰임은 끝이 없다.

大成若缺 其用不敝대성약결 기용불폐

가득 채워진 것은 빈 것 같아 보이지만, 그 쓰임은 다함이 없다.

大盈若冲 其用無窮대영약충 기용무궁

아주 곧은 것은 굽은 것 같고,

大直若屈대직약굴

아주 교묘한 것은 서툰 듯 하고,

大巧若拙대교약졸

가장 탁월한 언변은 어눌한 것 같다.

大辯若訥대변약눌

빠르게 움직이면 추위를 이길 수 있고,

躁勝寒조승한

조용하게 있으면 더위를 이길 수 있다.

靜勝熱정승열

맑고 고요함은 천하의 정도가 될 수 있다.

淸淨爲天下正청정위천하정

◉ 주해

천하 만물 모두가 도에서 나온 것이지만, 그 도라는 것은 볼 수 없고, 들을 수도 없고, 지각할 수도 없어서 마치 텅 빈 것 같다.

그렇지만 이 텅 빈 모습의 도의 작용은 다함이 없이 영원하다.

도의 이런 모습과 특성을 이 장에서는 잘 완성된 것과 결함이 있는 것, 가득 찬 것과 텅 빈 것, 곧은 것과 굽은 것, 말을 잘 하는 것과 어눌한 말이라는 상반된 개념을 가지고 비유하고 있다.

이런 노자의 어법은 이제 더 설명하지 않아도 이해할 수 있을 정도로 반복되고 있다.

도의 본래 모습은 텅 비어서 맑고 고요하다. 그리고 만물에 대해 억지로 하게 하지 않고 저절로 이루어지도록 맡겨둔다. 아무것도 하지 않는 것처럼 보이는 무위이다. 그래서 도의 작용을 청정무위하다고 한다.

그러므로 청정무위의 방식이 천하를 움직이고, 백성을 다스리는데 있어서 정도가 되어야 한다는 것이다. 그러면 백성은 저절로 안정된다.

# 제46장 천하유도天下有道

## 만족을 모르는 욕심이 재앙을 부른다

### ◉ 원문번역

세상에 바른 도가 펼쳐지고 있다면, 전쟁터를 달리던 말은 농부가 농사짓는데 쓰게 된다.

天下有道 却走馬以糞천하유도 각주마이분

세상에 바른 도가 펼쳐지지 않으면, 말들이 전쟁터에서 새끼를 낳는다.

天下無道 戎馬生於郊천하무도 융마생어교

재앙은 만족을 모르는 것보다 큰 것이 없고,

禍莫大於不知足화막대어부지족

허물은 얻으려고 하는 욕심보다 큰 것이 없다.

咎莫大於欲得구막대어욕득

그러므로 만족할 줄 아는 만족이라야 항상 풍족한 것이다.

故知足之足 常足矣고지족지족 상족의

### ◉ 주해

노자의 정치론과 인생론이 함께 이야기되고 있다.

위정자가 청정무위의 도를 본받아 백성을 다스린다면 전쟁은 없을 것이다. 그렇게 되면 전쟁터에서 짐을 나르거나 전투에 나서던 말은 쓸모가 없어 농사를 짓는 일에 사용하게 된다.

하지만 위정자가 자연무위의 도를 버리고, 욕심에 사로잡혀 전쟁을 일삼는다면 말은 전쟁터를 누벼야 하고, 전쟁터를 벗어날 길이 없는 말은 거기서 새끼를 낳을 수밖에 없다.

노자는 말과 전쟁터의 관계를 가지고 이야기 하고 있지만, 그가 전하고자 하는 메시지는 침탈을 위한 전쟁을 밥 먹 듯 벌여서 백성이 목숨을 잃거나 기아와 질병에 허덕이는 당시의 참혹한 현실이 위정자의 무도함에서 비롯됨을 지적하고 있는 것이다.

도의 본질은 무욕과 무위이지만, 도의 경우에서 욕심이 없다는 것은 천하 만물을 낳아서 살리려는 의욕이 아닌 다른 의도는 없다는 것이다. 이를 사람에 적용하면 사리사욕을 추구하지 말라는 말이다. 세상을 이루고 있는 사람과 자연의 만물과 더불어 공생하고자 하는 의욕이라면 남을 해칠 일은 없다.

무위 역시 아무것도 하지 않는다는 것이 아니라 만물이 각자 가지고 있는 본성대로 스스로 살아가도록 간섭하거나 강제하지 않고 맡겨두는 것을 말하는 것이다.

사람은 이런 도의 이치를 알아야 하며, 특히 위정자는 자연무위의 도를 따르지 않으면 천하가 혼란에 빠지고, 백성의 고충은 막을 길이 없다.

# 제47장 불출호不出户

### 만물이 운행하는 이치는 멀리 있지 않다

### ◉ 원문번역

문을 나가지 않고도 세상을 알 수 있고,

不出戶 知天下불출호 지천하

창문으로 밖을 보지 않고도 천하 만물이 돌아가는 이치를 알 수 있다.

不窺牖 見天道불규유 견천도

나로부터 멀어질수록 천하 만물이 운행하는 이치를 아는 것이 점점 줄어든다.

其出彌遠 其知彌少기출미원 기지미소

그러므로 천지 만물의 운행하는 이치를 아는 성인은 밖으로 나가지 않고도 알며,

是以聖人不行而知시이성인불행이지

보지 않고도 밝게 살피고,

不見而明불견이명

억지로 하지 않고도 이룬다.

不爲而成불위이성

### ◉ 주해

여기서는 천지만물이 운행하는 이치가 나로부터 멀리에 있는 것이 아니고, 바로 가까이에 있다는 것을 말하고 있다.

만물은 도에서 나왔다. 그래서 각각의 만물은 도의 본성을 가지고 있다. 타고난 도의 본성을 찾는 지름길은 바로 자신을 돌아보는 것이다. 그래서 맹자도 "만물의 이치는 모두 나에게 갖춰져 있다."[56]고 말했다.

사람들이 천지만물이 운행하는 이치를 알지 못하는 이유는 욕심 때문이다. 부귀영화를 얻기 위해서는 남을 해치고, 더 나아가서는 자신의 귀중한 몸을 망치면서까지 탐욕을 버리지 않는다.

이런 욕심은 무위와 무욕을 본성으로 하는 천지자연의 도와는 너무도 거리가 먼 것이다.

그렇기 때문에 탐욕에 빠진 사람은 자연무위의 도를 알 수가 없다.

오직 자연무위의 도를 체득하여 실행하는 성인은 대문 밖을 나가지 않고, 또 창밖을 내다보지 않고도 모두 훤하게 알 수 있는 것이다.

이런 성인은 무위의 방법으로 천하를 다스리기 때문에 이루어지지 않는 일도 없다.

---

56 『맹자: 진심』, "萬物皆備於我矣"

## 제48장 위학일익爲學日益

### 민심을 얻으려면 사욕을 버려라

◉ **원문번역**

세속의 지식을 배우는 사람은 지혜와 욕심이 날로 늘어나다.
**爲學日益**위학일익

자연무위의 도를 닦는 사람은 날마다 지혜와 욕심이 줄어든다.
**爲道日損**이도일손

이렇게 지혜와 욕심을 덜고 또 덜어내면 무위의 지경에 이른다.
**損之又損 以至於無爲**손지우손 이지어무위

욕심을 내어 억지로 하지 않는 무위를 행하면 이루어지지 않음이 없다.
**無爲而無不爲**무위이무불위

그러므로 천하를 취하고자 한다면, 항상 무위의 방식으로 해야한다.
**故取天下 常以無事**고취천하 상이무사

욕심을 내어 억지로 하는 유위의 방식으로는 천하를 취하기에 부족하다.
**及其有事 不足以取天下**급기유사 부족이취천하

◉ **주해**

여기서 학學은 정치와 교육 그리고 예악禮樂과 같은 세속적 학문을 말한다. 이런 배움은 깊어질수록 지혜와 욕심이 늘어난다. 이에 비해 자연무위의 도를 닦는 사람은 날이 갈수록 지혜와 욕심을 덜어내고,

또 덜어내어 도의 본성인 무위 무욕의 경지에 이르게 될 것이다.

자연무위의 덕은 인위적으로 하지 않아도 사시사철이 운행하고, 만물이 저절로 생겨나서 자라고, 봄이면 꽃이 피어 가을에는 결실을 이루게 한다.

이런 자연무위의 방법으로 세상을 다스린다면 민심을 모아서 천하를 얻을 수 있을 것이다. 반면에 법률과 예법 등을 만들어 인위적으로 다스리게 되면, 백성을 복종하게 할 수는 있으나 진정의 민심을 얻지 못한다. 민심을 잃은 군주는 패망하는 법이다.

노자는 앞의 19장에서 "총명함과 지혜를 버리면 백성의 이익은 백배로 커질 것이다. 인과 의를 버리면 백성은 오히려 효성스럽고 자애로운 천성을 회복할 것이다. 기교와 이로움을 버리면 도둑은 자연히 없어질 것이다. 총명과 지혜, 인과 의, 기교와 이로움 이 세 가지는 모두 인위적으로 꾸민 것이기 때문에 천하를 다스리는데 부족하다."고 세속의 학문의 부족함을 지적한 바 있다.

또 29장에서는 "다스리려고 하면서 인위적 방법으로 억지를 쓴다면, 내가 보기에 그것은 뜻을 이루지 못한다. 천하는 신묘한 물건이어서 인위적으로는 되지 않는 것이다. 인위적으로 천하를 잡으려는 사람은 실패한다. 설사 억지로 잡는다 해도 그것을 잃게 마련이다."며 인위의 방식을 부정하고, 무위의 다스림을 역설하고 있다.

## 제49장 성인상무심聖人常無心

### 백성은 위정자의 순진하고 소박함을 따른다

◉**원문번역**

도를 지닌 성인은 항상 자신의 마음을 갖지 않고, 백성의 마음을 자신의 마음으로 삼는다.

聖人常無心 以百姓心爲心성인상무심 이백성심위심

선한 사람은 내가 선하게 대하고,

善者 吾善之선자 오선지

선하지 않은 사람도 내가 또한 선하게 대한다.

不善者 吾亦善之불선자 오역선지

이것은 덕이 선하기 때문이다.

德善덕선

진실한 사람은 내가 진실하게 대하고,

信者 吾信之신자 오신지

진실하지 않은 사람도 나는 또한 진실하게 대한다.

不信者 吾亦信之불신자 오역신지

이것은 덕이 진실하기 때문이다.

德信덕신

도를 지닌 성인이 세상을 다스림에는 자신의 주관적 의지와 의욕을 거두어들이고,

聖人在天下 歙歙焉성인재천하 흡흡언

세상을 위하여 자신의 마음을 소박하게 한다.

爲天下渾其心위천하혼기심

백성이 모두 자신의 눈과 귀를 성인의 소박한 마음으로 집중한다.

百姓皆注其耳目 백성개주기이목

도를 지닌 성인은 백성을 모두 갓난아이 같은 순진하고 소박한 상태로 돌아가게 한다.

聖人皆孩之 성인개해지

◉ 주해

도를 지닌 성인의 정치론이 이어지고 있다.

도는 자연무위의 방법으로 만물을 낳아 기르는 마음 말고는 사적 욕심이 전혀 없다.

이런 도의 무욕 무위의 마음을 본받은 성인은 당연히 자신의 마음을 갖지 않고, 오직 백성을 위한 마음뿐이다.

성인은 이렇게 백성을 기르는 마음 밖에 없으므로, 어떤 백성도 버려지게 하는 일이 없다. 앞서 27장에서도 "성인은 항상 다른 사람이 그 능력을 충분히 발휘하도록 하므로 버려지는 사람이 없고, 늘 물건이 그 쓰임을 다하도록 잘 활용하므로 버려지는 물건이 없다."고 한 바 있다.

성인이 이렇게 다스리는 방법으로는 우선 도의 순박하고 질박한 모습을 스스로 백성에게 보여주는 것이다. 그러면 백성의 귀와 눈은 저절로 성인의 순박한 모습으로 쏠리게 되고, 이를 따르게 된다.

도의 순박한 모습은 마치 어린아이처럼 순진한 것이다. 그래서 20장에서는 "하지만 나만 홀로 조용히 아무것도 드러내지 않아 마치 웃을 줄 모르는 어린아이 같다."고 성인의 모습을 묘사하였다.

또 55장에서는 "덕을 두텁게 지닌 사람은 갓 태어난 아기와 같다."고 말한다.

# 제50장 출생입사出生入死

**삶에 지나치게 집착하는 것은 오히려 죽음을 재촉한다**

◉**원문번역**

세상에 나오면 사는 것이고, 땅 속에 들어가면 죽는 것이다.
出生入死출생입사

그 가운데 오래 사는 사람이 열에 셋이고,
生之徒 十有三생지도 십유삼

일찍 죽는 사람이 열에 셋이다.
死之徒 十有三사지도 십유삼

그런데 사람들은 지나치게 살려고 열중하다가,
而民生生이민생생

잘 못하여 모두 죽는 길로 향하는 사람도 열에 셋이다.
動皆之死地之 十有三동개지사지지 십유삼

왜 그런가?
夫何故부하고

삶에 지나치게 집착하기 때문이다.
以其生生이기생생

듣건대 삶을 잘 다스리는 자는 육지로 가도 외뿔소와 호랑이를 만나지 않는다.
蓋聞善攝生者, 陸行不遇兕虎개문선섭생자 육행불우시호

또 전쟁에 나가도 갑옷과 무기를 지니지 않는다.
入軍 不被甲兵입군 불피갑병

외뿔소도 그 뿔을 치받을 곳이 없고,

兕無所投其角시무소투기각

호랑이도 그 발톱을 사용할 수 없고,

虎無所措其爪호무소조기조

병기도 날카로운 날을 쓸 곳이 없다.

兵無所容其刃병무소용기인

왜 그런가?

夫何故부하고

그는 죽을 수 있는 여지가 없기 때문이다.

以其無死地焉이기무사지언

◉ 주해

이 장의 내용은 잘 생각하며 음미할 필요가 있다.

노자의 말에 의하면 사람은 세상에 태어나서 살다가 죽는 것이다.

그런데 태어난 사람 가운데 3할은 오래 산다. 그리고 3할은 일찍 죽는다. 나머지 4할가운데 3할은 삶에 대한 지나친 욕심 때문에 오히려 죽음의 길로 들어선다는 것이다.

이 말을 종합해보면 10명 가운데 1명만이 욕심이 없고, 청정하며, 질박한 무위의 자연에 삶을 맡기고 산다는 것이다.

이렇게 사는 삶은 천지자연과 하나가 된 삶이기 때문에 호랑이나 외뿔소도 그를 공격하지 않으며, 전쟁터에서 갑옷과 무기를 지니지 않아도 적의 칼이 겨눌 곳이 없다.

뒤의 55장에서는 “덕을 두텁게 지난 사람은 갓 태어난 아기와 같아서 독벌레도 물지 않고, 사나운 짐승도 덤비지 않으며, 사나운 새도 채가지 않는다.”고 한다.

# 제51장 도생지道生之

## 공을 이루고도 간여하지 않는 것이 도의 본성이다

◉원문번역

도가 만물을 낳고, 덕이 만물을 기른다.

道生之 德畜之도생지 덕축지

그러면 만물이 형체를 갖추고, 기물이 이루어진다.

物形之 器成之물형지 기성지

그래서 만물은 도를 존중하고, 덕을 귀하게 여긴다.

是以萬物尊道而貴德시이만물존도이귀덕

도가 존중받고, 덕이 귀하게 여겨지는 이유는 그것이 항상 만물에 간섭하지 않으며, 저절로 이루어 가도록 맡겨두기 때문이다.

道之尊 德之貴 夫莫之命而常自然도지존 덕지귀 부막지명이상자연

그러므로 도는 낳고, 덕은 기른다.

故道生之 德畜之고도생지 덕축지

그리고 또 자라게 하여 기르고,

長之育之장지육지

안정되게 하여 두텁게 하고,

亭之毒之정지독지

기르고 보호한다.

養而覆之양이복지

도는 만물을 낳고도 소유하지 않고,

生而不有생이불유

이루고도 자랑하지 않으며,

爲而不恃위이불시

기르고도 주재하지 않는다.

長而不宰장이부재

이것이 바로 심오한 덕이다.

是謂玄德시위현덕

◉ 주해

이 장은 노자의 만물생성론 가운데 한 부분이다.

1장에서 도는 천지의 시작이고, 만물을 낳는 근원이라고 했고, 42장에서는 도가 하나를 낳고, 하나가 둘을 낳으며, 둘이 셋을 낳고, 셋이 만물을 이루는 과정을 말했다.

이렇게 도가 만물을 낳으면, 도에서 나온 만물은 각각 도의 본성을 가지고 있다. 이처럼 도가 만물에 분화된 것이 덕이다.

그런데 만물을 낳은 도는 모든 공로에 대해서 소유하려하지 않고, 자랑하고 뽐내지 않으며, 간섭하며 주재하려 하지 않는다. 이런 도의 본성을 심오한 덕이라고 한다.

한편, 『주역』 건乾괘 「단전」에서는 "건의 큰 덕이 참으로 위대하다. 만물이 이것에 의지하여 시작된다."[57]고 한다. 또 곤坤괘 「단전」에서는 "곤의 큰 덕이 참으로 지극하다. 만물이 여기에 의지하여 생겨난다."[58]고 한다.

이 말은 하늘인 건과 땅인 곤이 만물을 낳아서 기른다는 것을 의미

57 『주역』 건乾괘 「단전」, "大哉 乾元 萬物資始"

58 『주역』 곤坤괘 「단전」, "至哉 坤元 萬物資生"

한다. 그리고 노자는 5장에서 "하늘과 땅 사이는 풀무처럼 텅 비었지만 움직이면 만물이 쏟아져 나온다."고 한다.

건괘와 곤괘에 대한 『역전』의 이런 해석은 노자의 사상으로부터 영향을 받은 것이다.

# 제52장 천하유시天下有始

## 욕망을 끊으면 평생 위태함이 없다

**◉원문번역**

천하 만물은 시작이 있는데, 그것이 천하 만물의 근원이 된다.

**天下有始 以爲天下母**천하유시 이위천하모

이미 천지 만물의 근원을 알면, 만물을 알 수 있다.

**旣得其母 以知其子**기득기모 이지기자

만물을 알고 또 근원을 지키면 평생토록 위태하지 않을 것이다.

**旣知其子 復守其母 沒身不殆**기지기자 복수기모 몰신불태

욕망의 구멍을 막고 또 욕망의 문을 닫으면 종신토록 수고롭지 않은 것이다.

**塞其兌 閉其門 終身不勤**색기태 폐기문 종신불근

욕망의 구멍을 열고 또 복잡한 일을 더한다면 종신토록 구원받지 못할 것이다.

**開其兌 濟其事 終身不救**개기태 제기사 종신불구

작은 것을 볼 수 있는 것을 '명明'이라고 한다.

**見小曰明**견소왈명

유약한 것을 지킬 수 있는 것을 '강强'이라고 한다.

**守柔曰强**수유왈강

지혜의 빛을 사용하여 자신이 가지고 있는 총명함으로 복귀한다면 자신에게 재앙이 이르지 않을 것이다.

**用其光 復歸其明 無遺身殃**용기광 복귀기명 무유신앙

이것이 바로 영원한 도에 들어가는 것이다.

是謂襲常시위습상

◉ 주해

노자의 수양론이다. 도의 특성을 먼저 이야기 한다. 쉽게 말하면 도가 천하 만물을 낳았으므로 도의 본성을 이해하면 그 자식인 만물을 알게 될 것이다.

그러므로 도의 본성을 알고 이를 지킨다면 죽을 때까지 위태로운 일은 없을 것이다.

그렇다면 사람에게 가장 골칫거리가 되는 것은 무엇인가? 그것은 바로 욕망이다. 도는 본래 무위 무욕의 특성을 가지고 있다. 앞장에서도 보았듯이 공을 이루고도 소유하려 하지 않고, 자랑하지 않고, 간섭하고 주재하려고 하지도 않는다. 사람도 바로 도의 이런 무욕의 성질을 본받아야 한다는 것이다.

사람에게 있어서 욕망의 근원은 바로 감각기관인 9개의 구멍이다. 이 구멍을 열고 세상과 접하면서 욕망을 일으키는 일을 늘려나간다면 죽을 때까지 위태함에 빠져서 헤어날 길은 없다.

그러므로 욕망의 구멍을 닫고 욕망을 부를만한 일을 끊어버린다면 평생 위태로움에서 벗어날 수 있다.

이런 도의 본성을 이해하고 이행하여 재앙에서 벗어날 수 있다면 그것이 영원한 도에 들어가는 것이다.

## 제53장 사아개연使我介然

### 썩은 정치는 도둑의 우두머리와 같다

◉ 원문번역

만약 나에게 조금이라도 지혜가 있다면 큰 길을 가겠다.

使我介然有知 行於大道사아개연유지 행어대도

오직 옆길로 빠질까 두려워할 뿐이다.

唯施是畏유이시외

큰 길은 매우 평탄하지만 사람들은 샛길을 좋아한다.

大道甚夷 而民好徑대도심이 이민호경

조정이 몹시 부패하여 농지는 황폐하고, 창고는 텅 비었다.

朝甚除 田甚蕪 倉甚虛조심제 전심무 창기허

그런데도 수놓은 비단옷을 입고,

服文綵복문채

날카로운 칼을 차고,

帶利劍대리검

맛있는 음식을 물리도록 먹고,

厭飮食염음식

쓰고 남을 만한 재물을 수탈했다.

財貨有餘재화유여

이것이 바로 도둑의 우두머리라는 것이다.

是謂盜夸시위도과

도가 아니다!

非道也哉비도야재

◉ 주해

노자가 살던 시대의 정치가 얼마나 부패했는지를 적나라하게 보여준다.

정치가 썩어서 토지는 황무지가 되고, 창고는 텅텅 비었는데도 관리들은 문채나는 비단옷을 입고, 칼을 차고 거들먹거리며 힘없는 백성을 상대로 위세를 부린다.

뿐만 아니라 백성은 기아에 허덕이다 굶어죽는 일이 다반사인데도 맛있는 음식을 질리도록 먹고, 금은보화를 넘치도록 가지고 있다.

이것이 다 백성을 수탈해서 얻은 것이 아니고 무엇인가? 오죽하면 노자는 이들은 도둑의 우두머리라고 비판하였겠는가?

노자는 위정자가 바른 정치를 하는 것은 대도를 행하는 것이라고 지적한다.

대도는 자연무위를 본질로 하는 천지만물의 근원인 도를 말한다. 이 자연무위의 방법을 따라가면 평탄하고 평안하다. 하지만 위정자가 평탄한 대도를 버려두고 어렵고 힘든 샛길을 좋아 하기 때문에 정치가 부패하게 된다는 것을 표현하고 있다.

# 제54장 선건자불발善建者不拔

바른 도를 닦아 실행하는 것이 영원히 사는 법이다

**◉원문번역**

도를 잘 세우면 뽑히지 않고,

善建者不拔선건자불발

도를 잘 포용하면 빠져나가지 않는다.

善抱者不脫선포자불탈

자손이 이런 도리를 이행하면 대대로 제사가 끊어지지 않는다.

子孫以祭祀不輟자손이제사불철

이런 도리로 자신을 수양하면 그 덕이 곧 진실해지고,

修之於身 其德乃眞수지어신 기덕내진

그 것으로 집안을 갈고 닦으면 그 덕이 여유로워지고,

修之於家 其德乃餘수지어가 기덕내여

그 것으로 한 마을을 닦으면 그 덕이 오래 가고,

修之於鄕 其德乃長수지어향 기덕내장

그 것으로 나라를 닦으면 그 덕이 풍족해지고,

修之於邦 其德乃豐수지어방 기덕내풍

그 것으로 천하를 닦으면 그 덕이 널리 퍼질 것이다.

修之於天下 其德乃普수지어천하 기덕내보

그러므로 나 자신을 통해 남을 보고,

故以身觀身고이신관신

나의 집을 통해 남의 집을 보고,

以家觀家이가관가

내 마을을 통해 이웃 마을을 보고,

以鄕觀鄕이향관향

내 나라를 통해 남의 나라를 보고,

以邦觀邦이방관방

내 세상을 통해 다른 세상을 볼 수 있다.

以天下觀天下이천하관천하

내가 어떻게 천하가 그러함을 아는가?

吾何以知天下然哉오가이지천하연재

이런 방법으로 아는 것이다.

以此이차

◉ 주해

노자는 이 장에서 인생론을 정치론으로 연계시켜 말하고 있다.

사람이 자연무위의 도를 좇아서 산다면 바른 도리가 뽑힐 수도 없고, 나에게서 벗어날 수도 없다. 이렇게 되면 대대로 바른 도를 이어서 영원히 존속될 것이다.

이런 도리를 나라로 확대해보면 자연무위 방법으로 나라를 다스릴 때 나라는 안정되어 영원히 종묘사직을 이어갈 수 있을 것이다.

여기서 노자는 덕을 사람이 도의 본질을 따라서 수양하여 자연무위의 도를 깨닫고 실행하는 것이라는 의미로 쓰고 있다.

그래서 덕으로 자신을 닦고, 마을과 나라와 천하를 덕으로 운용하면 덕화德化가 두루 퍼진다는 것이다.

그런데 『주역』 건乾괘 구이효의 "나타난 용이 밭에 있다.(현룡재전見

龍在田)"고 하는 효사를 「상전」은 "나타난 용이 밭에 있는 것은 군자가 그 덕을 널리 베푸는 것"[59]이라고 해석하고 있다.

이 대목 역시 『역전』이 노자의 개념을 빌려서 쓰고 있는 것이다.

---

59 『주역』 건乾괘 구이 「상전」, "見龍在田 德施普也"

# 제55장 함덕지후含德之厚

**만물에는 균형과 조화의 이치가 작용하고 있다**

**◉원문번역**

덕을 두텁게 지닌 사람은 갓난아이에 비유할 수 있다.

含德之厚 比於赤子함덕지후 비어적자

벌이나 전갈이나 독사도 그를 물지 않는다.

蜂蠆虺蛇不螫봉채훼사불석

또 사나운 새나 맹수도 그를 덮치지 않는다.

攫鳥猛獸不搏확조맹수불박

그의 뼈와 힘줄은 부드럽지만 움켜쥐는 힘은 오히려 매우 세고,

骨弱筋柔而握固골약근유이악고

암컷과 수컷이 교합하는 것을 아직 모르지만 생식기가 저절로 일어나는 것은 정기精氣가 충만하기 때문이다.

未知牝牡之合而朘作 精之至也미지빈무지합이최작 정지지야

그는 종일 울어도 목이 쉬지 않는다.

終日號而不嗄종일호이불사

이것은 조화가 지극하기 때문이다.

和之至也화지지야

조화의 이치를 아는 것을 '상常'이라고 하며,

知和曰常지화왈상

상의 도를 아는 것을 '명明'이라고 한다.

知常曰明지상왈명

억지로 삶을 늘리려고 하는 것을 '상祥'이라고 하며,

益生曰祥익생왈상

마음이 기운을 부리는 것을 '강強'이라고 한다.

心使氣曰强심사기왈강

만물은 너무 힘이 세고 강하면(강장强壯) 곧 쇠퇴한다.

物壯則老물장즉노

이것을 도에 어긋나는 것이라고 하는 것이다.

謂之不道위지부도

도에 어긋나면 일찍 그치게 된다.

不道早已부도조이

◉ **주해**

덕이 두텁다고 하는 것은 곧 도에 가깝다는 말이다. 왜냐하면 노자가 말하는 덕은 도가 만물에서 나타나는 도 본체의 모습이기 때문이다.

그런데 도의 본질은 물처럼 유약하고, 낮은 곳에 처하며, 만물을 포용하는 성질로 표현한다. 이런 도의 모습을 여기서는 갓난아이에 비유하고 있는 것이다. 10장에서는 "기를 모아 몸을 부드럽게 하는 것을 갓난아이의 상태처럼 할 수 있는가?"라고 말한다.

그래서 갓난아이의 유약함은 다툼의 여지가 없다.

그러므로 그를 공격할 물건은 아무것도 없다. 사나운 새나 맹수 혹은 독사 같은 것은 말할 것도 없다.

갓난아이가 남녀의 교합에 대해 모르지만 성기가 불근불근 일어나는 모습을 도의 만물창조력에 비유하고 있다. 도는 만물을 낳아서 키우는 영원하고 무한한 힘이 있지만 텅 빈 것 같고, 고요하며, 계곡의 물처럼 유약하다.

그런데 덕이 높은 사람의 모습이 갓난아이처럼 유약하지만 정기가 충만한 것은 조화가 지극해서 그렇다고 한다. 조화의 의미는 도의 본성이 작용한 결과를 말한다. 42장에서 "도는 하나를 낳고, 하나는 둘을 낳고, 둘은 셋을 낳고, 셋은 만물을 낳는다. 만물은 음의 기운을 등에 업고, 양의 기운을 끌어안고 있다. 만물을 이루는 음양의 기운은 허정한 기운으로 조화를 삼는다."고 이야기 한다. 여기서 허정한 기운은 도의 본성인 기운을 말한다. 만물은 도에서 나왔기 때문에 도의 본성을 갖고 있고, 이것을 잘 발휘하면 음양의 기운이 조화를 이루어서 도에 가깝게 갈 수 있다는 것을 말한다.

음의 기운과 양의 기운은 서로 대립하는 성향이 있는데, 두 기운의 균형이 무너져서 조화를 이루지 못하면 상서롭지 못한 결과가 생긴다. 예를 들어 사람의 몸에서 음양의 조화가 무너지면 질병이 생기고, 심지어는 목숨까지 잃을 수도 있다.

조화의 이치를 아는 것이 상이라고 하는 것은 조화의 이치는 도가 만물을 낳아 기르는 작용의 이치를 말한다. 그러므로 도의 이치는 영원한 도, 즉 '상도常道'가 된다.

영원한 도를 아는 것은 총명함이 있어야 한다.

그리고 도를 어기고 부귀영화를 탐하며 억지로 삶을 늘리려고 하면 재앙이 닥치기 때문에 '상祥'이라고 한 것이다. 상은 상서롭다는 의미도 있지만, 재앙의 뜻도 있다.

사물은 기가 성하면 쇠한다. 그래서 30장에서는 "무력을 써서 강함을 드러내는 것은 도에 부합하는 것이 아니다. 도에 어긋나면 일찍 사라지게 된다."고 이야기 한다.

# 제56장 지자불언知者不言

**자연의 도는 본래 말없이 베푸는 것이다.**

**◉원문번역**

아는 사람은 말하지 않고,

知者不言지자불언

말을 하는 사람은 알지 못한다.

言者不知언자부지

욕심의 구멍을 막고,

塞其兌색기태

욕심의 문을 닫고,

閉其門폐기문

날카로운 기운을 꺾고,

挫其銳좌기예

혼란스런 생각을 풀고,

解其分해기분

지혜의 빛을 조화시켜,

和其光화기광

세속과 동화한다.

同其塵동기진

이것이 도와 현묘하게 합치하는 것이다.

是謂玄同시위현동

그러므로 그에게서 친함을 얻을 수 없고,

故不可得而親고불가득이친

소원함을 얻지도 않고,
不可得而疏불가득이소
이득을 얻을 수도 없고,
不可得而利불가득이리
해로움을 얻지도 않으며,
不可得而害불가득이해
귀함을 얻지도 못하고,
不可得而貴불가득이귀
천함을 얻지도 않는다.
不可得而賤불가득이천
그러므로 그가 천하의 귀한 존재가 되는 것이다.
故爲天下貴고위천하귀

◉ 주해

아는 사람은 말이 없고, 말을 하는 사람은 앎이 없다는 것은 자연무위의 도를 아는 것을 말한다. 즉 도를 아는 사람은 말을 하지 않고, 도를 모르는 사람이 도를 안다고 한다.

2장에서는 "자연의 법칙이 그렇기 때문에 이를 본받아 성인은 만물에 무엇을 강요하지 않고 저절로 이루어지게 하는 자연무위의 태도로 일을 처리하며, 말없이 베푸는 자연의 가르침을 행한다."고 했다. 자연무위의 도를 아는 사람이라면 '말없이 베푸는 가르침'을 따르기 때문에 말을 하지 않는 것이다.

사람이 도를 본받으려면 도의 본성인 무욕을 실행해야 한다. 그러므로 탐심을 일으키는 욕망을 끊어야 한다.

여기서 관심을 둘만한 말은 화和와 동同이다. 도를 체득한 사람은 세속의 만물과 떨어질 수 없다. 만물의 시작이자 근원을 이루는 것이 도이고, 이런 도를 본받은 사람 또한 만물을 포용하는 것이 당연한 것이다. 만물을 포용하기 위해서는 친하고 소원함을 가리지 않아야 하고, 이득과 손해를 가리지 않아야 하며, 귀함과 천함을 가리지 않아야 한다.

그러기 위해서는 지혜의 빛으로 잘 조화를 이루도록 하는 것이 필요하다. 조화의 작용은 도가 만물을 낳고 기르는 본성이기 때문이다.

# 제57장 이정치국以正治國

### 정치하는 자가 욕심이 없으면 백성은 저절로 순박해진다

**◉원문번역**

올바름으로써 나라를 다스리고,
**以正治國**이정치국

기이한 방법으로 군대를 움직인다고 한다.
**以奇用兵**이기용병

하지만 무위로써 천하를 얻는 것이다.
**以無事取天下**이무사취천하

내가 어떻게 무위로 천하를 얻는 이치를 알 수 있겠는가?
**吾何以知其然哉**오하이지기연재

다음에 열거하는 것들로써 알 수 있다.
**以此**이차

세상에 금지하는 명령이 많으면 백성은 더욱 가난해지고,
**天下多忌諱 而民彌貧**천하다기휘 이민미빈

백성에게 날카로운 기물이 많으면 나라는 더욱 혼란해지고,
**民多利器 國家滋昏**민다리기 국가자혼

사람들의 재주가 많아지면 기이한 물건이 더욱 늘어나고,
**人多伎巧 奇物滋起**인다기교 기물자기

법령이 밝아질수록 도둑은 더욱 많아진다.
**法令滋彰 盜賊多有**법령자창 도적다유

그래서 성인이 다음과 같이 말했다.
**故聖人云**고성인운

내가 무위하면 백성은 저절로 교화되고,

我無爲 而民自化아무위 이민자화

내가 고요함을 좋아하면 백성은 저절로 바르게 되고,

我好靜 而民自正아호정 이민자정

내가 번거로움을 만들지 않으면 백성은 저절로 부유해지고,

我無事 而民自富아무사 이민자부

내가 욕심을 내지 않으면 백성은 스스로 순박해진다.

我無欲 而民自樸아무욕 이민자박

◉ 주해

노자는 이 장에서 올바른 도리로써 나라를 다리려야 한다거나, 혹은 군사를 잘 부려서 세상을 움직일 수 있다고 하는 주장들에 대해 부정적 입장을 보여준다.

노자의 철학으로는 세상을 다스리는 가장 좋은 방법이 무위로 하는 것이다.

노자는 그 근거로서 엄정한 금지명령으로 백성을 억압하고 수탈하면 백성은 더욱 가난해지고, 치밀한 법령으로 범죄를 막으려 해도 위정자들의 탐욕이 없는 한 백성들의 욕심을 끊을 수 없다. 또 날카로운 무기나 기물은 백성의 고요함을 깰 뿐이다.

그래서 위정자가 백성에게 인위적 억압을 하지 않고, 욕심을 내지 않으며, 고요함을 보여주면 백성은 저절로 부유하게 되고, 바르고 순박해진다.

노자는 이미 3장에서 "재능이 뛰어난 사람을 치켜세우지 않아야 백

성이 공명功名을 다투지 않는다. 얻기 어려운 재물을 귀하게 여기지 않으면 백성이 도적이 되지 않는다. 탐낼 만한 것들을 보이지 않으면 백성이 마음을 어지럽히지 않는다."고 했고, 29장에서는 "천하를 다스리려고 하면서 인위적 방법으로 억지를 쓴다면, 내가 보기에 그것은 뜻을 이루지 못한다. 천하는 신묘한 물건이어서 인위적으로는 되지 않는 것이다. 인위적으로 천하를 잡으려는 사람은 실패한다."다고 했다.

또 48장에서는 "세속의 지식을 배우는 사람은 지혜와 욕심이 날로 늘어난다. 자연무위의 도를 닦는 사람은 날마다 지혜와 욕심이 줄어든다."고 했다. 37장에서는 "도는 항상 만물이 스스로 이루어지도록 맡겨두지만, 그렇게 되지 않는 것은 없다. 다스리는 자가 만일 이런 이치를 지킨다면 만물은 스스로 자랄 수 있을 것이다."다고 했다.

## 제58장 기정민민其政悶悶

### 재앙과 복은 서로 의지하여 돌아간다

**◉원문번역**

정치가 어둑하면 백성은 순박하고,

其政悶悶 其民淳淳기정민민 기민순순

정치가 엄하고 가혹하면 백성은 교활해진다.

其政察察 其民缺缺기정찰찰 기민결결

재앙은 복이 의지하는 곳이고,

禍兮 福之所倚화혜 복지소의

복은 재앙이 깃드는 곳이다.

福兮 禍之所伏복혜 화지소복

누가 그 끝을 알 수 있겠나?

孰知其極숙지기극

그것의 정해진 표준은 없다.

其無正也기무정야

올바른 것이 다시 기이한 것이 되고,

正復爲奇정부위기

선한 것이 변하여 악이 된다.

善復爲妖선부위요

사람이 미혹에 빠진 것이 오래 되었다.

人之迷 其日固久인지미 기일고구

그래서 성인은 방정하지만 사람을 가르지 않고,

是以聖人方而不割시이성인방이불할

예리하지만 사람을 상하게 하지 않고,
廉而不劌염이불귀
솔직하지만 멋대로 하지 않고,
直而不肆직이불사
빛이 나지만 눈부시게 하지 않는다.
光而不燿광이불요

◉ 주해

어둑한 정치란 청정무위의 정치로서 엄하고 가혹한 인위의 정치에 대응하는 개념이다.

노자가 말하는 청정무위의 정치는 다스리는 방법이 천지자연의 이치대로 백성을 억압하거나 간섭하지 않고, 본성대로 이루어가도록 하는 것을 말한다. 그렇게 하면 백성은 저절로 순박해지고, 또 평안해진다. 그의 정치적 이상은 참으로 원대하여 자연무위의 세상을 만드는 것이 아닐 수 없다.

이 장에서 주목할 만한 내용은 "올바른 것이 다시 기이한 것이 되고, 선한 것이 변하여 악이 된다."고 하는 부분이다.

만물은 대립하는 것으로 이루어지고, 대립하는 면은 서로 맞서지만, 서로 도와서 이루어준다. 그리고 대립물은 한 쪽의 힘이 커지면 상대 쪽의 힘이 줄어들고, 다시 반대쪽의 힘이 커지고 하는 상호 주고받는 전화의 과정을 반복한다.

『주역』에서는 음의 기운은 양에서 시작되고, 양의 기운은 음에서 시작된다고 본다. 실은 이렇게 보는 것이 아니라 이런 이치가 진실이다. 예를 들면 동지에는 태양이 남쪽 끝으로 내려가서 극에 다다른 것을 말한다. 하지만 이 순간부터 태양은 다시 북쪽으로 올라오기 시작한다. 역학의 용어로는 이것을 "동지에 양의 기운 하나가 움직이기 시작했다."고 한다.

반대로 하지에는 태양이 북쪽의 끝에 이르러 양의 기운이 극에 달한 것이다. 이때부터 태양은 다시 남쪽으로 내려가기 시작한다. 즉 음의 기운이 생겨난 것이다. 역학용어로는 "하지에 음의 기운 하나가 움직이기 시작했다."고 한다.

또 주목할 부분은 "재앙은 복이 의지하는 곳이고, 복은 재앙이 깃드는 곳이다. 누가 그 끝을 알 수 있겠나? 그것의 정해진 표준은 없다." 라고 하는 내용이다. 이 내용 또한 앞에서 말한 대립물의 상호 관계를 가지고 설명하는 것이다. 음은 양에서 시작되고, 음의 기운이 커지면 양의 기운은 줄고 줄어서 극에 이르면, 음에서 다시 양이 시작된다. 이렇게 음양의 기운이 자라나서 소멸하는 내용을 괘라는 상징부호로 나타내는 것이 『주역』이다.

그런데 괘와 효에는 서로 다른 음양의 기운이 숨어있다. 예를 들면 양의 부호 6개로 이루어진 건乾괘에는 음의 부호 6개가 숨어있다는 것이다. 마찬가지로 곤坤괘의 6개 음효에는 건괘의 6개 양효의 기운이 숨어있다는 것이다.

한나라 초기 경방京房[60]이라는 사람은 복과 화가 서로 의지하여 숨어있다는 내용을 통해 역易의 이치를 탐구하여 설명했다.

---

60 경방京房은 기원전 77년에서 기원전 37년까지 생존한 서한西漢의 금문역학자今文易學者로 『주역周易』을 길흉을 점치는 전적으로 보고 많은 점산체례占算體例를 만들고 점후술占侯術을 말함으로써 이름을 떨쳤다.

# 제59장 치인사천治人事天

**덕을 쌓는 것이 장구하는 길이다**

**◉원문번역**

백성을 다스리고 몸과 마음을 닦는 데는 정신과 기운을 아끼는 것이 제일이다.

**治人事天 莫若嗇**치인사천 막약색

정신과 기력을 아끼는 것이 일찍 준비하는 것이다.

**夫唯嗇 是謂早服**부유색 시위조복

일찍 준비한다는 것은 쉬지 않고 덕을 쌓는 것을 말한다.

**早服謂之重積德**조복위지중적덕

쉬지 않고 덕을 쌓으면 극복하지 못할 것이 없다.

**重積德則無不克**중적덕즉무불극

극복하지 못할 것이 없으면 그 힘의 한계를 알 수 없다.

**無不克則莫知其極**무불극즉막지기극

힘의 한계를 알 수 없으면 나라를 차지할 수 있다.

**莫知其極 可以有國**막지기극 가이유국

나라를 다스리는 도리를 가지고 있으면 오래 유지할 수 있다.

**有國之母 可以長久**유국지모 가이장구

이것이 바로 뿌리가 깊고 밑둥이 튼튼하다고 하는 것이고,

**是謂深根固柢**시위심근고저

이것이 오래 생존하는 이치이다.

**長生久視之道**장생구시지도

◉ 주해

사천事天이란 말에서 天의 해석에는 두 가지가 있다. 하나는 '자연'이라는 뜻이다. 둘은 '몸'이라는 의미이다.

노자는 천을 의지를 가진 상제로서의 천이 아니라 본래부터 타고난 자연이라고 보았다.

그런데 여기서는 천이 자연으로부터 부여받은 몸이라는 의미로 쓰였다고 본다. 그러므로 '사천'은 자연으로부터 부여받아 태어난 자신의 몸과 마음을 잘 보전하는 것, 즉 수신으로 해석한다.

그리고 색嗇은 본래 곡물을 수확하여 보관한다는 의미인데, 아껴두고 쓰지 않는다는 뜻으로 발전했다. 그런데 아낀다는 말이 재물만을 가리키지 않고 정신적인 것에도 사용된다.

그래서 몸과 마음을 닦는 방법으로는 정신과 기력을 아끼는 것이 가장 좋은 것이라고 한다.

# 제60장 치대국治大國

## 재앙은 귀신의 짓이 아니라 인위적인 것이다

### ◉원문번역

큰 나라를 다스리는 것은 작은 생선을 삶는 것과 같다.
治大國 若烹小鮮치대국 약팽소선

자연무위의 도로써 천하를 다스리면 귀신도 신통력을 잃는다.
以道莅天下 其鬼不神이도리천하 기귀불신

귀신이 신통력을 잃을 뿐아니라, 신이 사람을 해치지 못한다.
非其鬼不神 其神不傷人비기귀불신 기신불상인

신이 사람을 해치지 못할 뿐 아니라 성인도 사람을 해치지 못한다.
非其神不傷人 聖人亦不傷人비기신불상인 성인역불상인

귀신과 도를 지닌 성인이 모두 사람을 해치지 않으므로 덕이 모두 사람에게 돌아가는 것이다.
夫兩不相傷 故德交歸焉부양불상상 고덕교귀언

### ◉주해

큰 나라를 다스리는 것이 작은 생선을 삶는 것과 같다는 비유가 참으로 절묘하다. 대국을 새끼손가락만도 못한 작은 생선에 비유하는 것이 기발하지 않은 수 없다.

작은 생선을 삶은 때는 아주 조심하지 않으면 안 된다. 휘젓거나 자주 건드리거나 하면 고기가 곧 해체돼서 산산이 흩어진다.

그런데 나라가 아무리 커도 나라의 근본을 이루는 백성은 작은 생선을 요리할 때처럼 대해야 한다. 이미 앞에서부터 이어지고 있는 바와 같이 노자의 정치철학으로는 인위적 제도나 법령을 만들어 백성에게 억지를 부리거나 번거롭게 하면 안 되는 것이다. 더구나 위정자가 급한 마음과 탐욕으로 백성을 볶아대면 작은 생선이 산산이 흩어지는 것처럼 무너지고 말 것이다.

백성을 대하는 일은 오직 자연무위의 도로 하면 백성은 순박해지고, 스스로 이루어가며 안정된 삶을 살아갈 것이다. 백성이 모두 선하여 악함이 없는데 귀신이라고 흠을 잡을 수 있겠는가? 하물며 자연무위의 도를 본받은 성인이야 더욱 사람에게 해악을 가할 리가 없다. 자연무위의 덕은 저절로 백성에게로 돌아가게 마련이다.

노자는 백성을 해치는 재앙이나 환난이 귀신에 의한 것이 아니라 도를 잃은 행위에서 나온다고 한다. 사람이 마땅히 도를 따르면 재앙이나 환난은 생기지 않는다는 것이다.

# 제61장 대국자하류大國者下流

## 크고 강할수록 낮추는 것이 자연의 법칙이다

**◉원문번역**

큰 나라는 강이나 하천이 흘러드는 하류와 같다.
大國者下流대국자하류

천하의 암컷으로, 세상의 모든 것이 모이는 곳이다.
天下之牝 天下之交也천하지빈 천하지교야

암컷은 항상 고요함으로써 수컷을 이긴다.
牝常以靜勝牡빈상이정승무

이것은 고요하면서 아래에 머물 수 있기 때문이다.
以靜爲下이정위하

그러므로 큰 나라가 작은 나라에 겸손하게 낮추면 작은 나라를 취할 수 있다.
故大國以下小國 則取小國고대국이하소국 즉취소국

작은 나라가 큰 나라에 겸손히 낮추면 큰 나라에 취해지게 된다.
小國以下大國 則取於大國소국이하대국 즉취어대국

그러므로 때로는 겸손하게 낮추어서 취할 수 있고, 때로는 낮추어서 취해지게 되는 것이다.
故或下以取 或下而取고혹하이취 혹하이취

큰 나라는 작은 나라를 아울러서 기르려고 하는 것에 지나지 않고,
大國不過欲兼畜人대국불과욕겸축인

작은 나라는 받아들여져서 그들을 섬기려고 하는 것에 지나지 않는다.
小國不過欲入事人소국불과욕입사인

이렇게 큰 나라와 작은 나라는 각자 얻으려고 하는 것을 얻게 된다.
**夫兩者各得其所欲**부양자각득기소욕

그래서 큰 것은 마땅히 겸손하게 낮추어야 한다.
**大者宜爲下**대자의위하

◉ **주해**

노자의 정치론이다. 노자가 살았던 춘추시대는 제후국들이 서로 패권경쟁에 나서면서 전쟁을 일삼았다. 물론 패권다툼은 자연무위의 방법에 의한 것이 아니라 힘으로 밀어붙이는 것이다. 이 때문에 천하가 혼란에 빠진 것이다.

노자는 전란에서 벗어나 백성이 평화롭게 살 수 있는 것은 큰 나라의 태도에 있다고 보았다. 그래서 큰 나라가 고요한 가운데 겸손하여 만물을 포용하는 자연무위의 도를 따라야 한다고 주장한 것이다.

도의 모습은 천하 만물을 낳는 암컷이고, 강과 계곡의 물을 모두 포용하는 바다와 같다. 그리고 도의 작용은 부드럽고, 조용하고, 겸손하지만 강한 것을 이기고, 하지 못하는 것이 없는 강한 힘을 가지고 있다.

무릇 정치는 이렇게 해야 천하가 안정되고, 백성이 편하게 살 수 있다.

# 제62장 도자만물지오道者萬物之奧

**도는 선한 사람과 불선한 사람 모두에게 보물이다**

**◉원문번역**

도라는 것은 만물의 근원이다.

**道者萬物之奧**도자만물지오

선한 사람에게는 보배가 되고, 선하지 않은 사람도 보전해야 하는 것이다.

**善人之寶 不善人之所保**선인지보 불선이지소보

아름다운 말은 장사에 쓰임이 있고, 훌륭한 행동은 사람들에게 중시받을 수 있다.

**美言可以市 尊行可以加人**미언가이시 존행가이가인

하지만 사람들의 선하지 못함이라고 해서 어찌 그것을 버릴 것이 있겠는가?

**人之不善 何其之有**인지불선 하기지유

그러므로 천자를 세우고 삼공을 두는데, 비록 먼저 큰 옥을 앞세우고 사두마차를 뒤따르게 하는 진상을 한다고 해도 앉아서 도를 바치는 것만 못한 것이다.

**故立天子 置三公 雖有拱壁以先駟馬 不如坐進此道**고입천자 치삼공 수유공벽이선사마 불여좌진차도

옛사람이 이 도를 귀하게 여긴 이유는 무엇인가?

**古之所以貴此道者何**고지소이귀차도자하

도로써 구하면 얻을 수 있고, 죄를 지어도 그것으로써 용서받을 수 있기 때문이 아니겠는가?

不曰求以得 有罪以免邪불왈구이득 유죄이면야

그래서 천하의 귀한 것이 되는 것이다.

故爲天下貴고위천하귀

◉ 주해

노자는 도의 포용성을 강조하고 있다. 49장에서도 이미 "도를 지닌 성인은 항상 자신의 마음을 갖지 않고, 백성의 마음을 자신의 마음으로 삼는다. 선한 사람은 내가 선하게 대하고, 선하지 않은 사람도 내가 또한 선하게 대한다. 이것은 덕이 선하기 때문이다. 진실한 사람은 내가 진실하게 대하고, 진실하지 않은 사람도 나는 또한 진실하게 대한다. 이것은 덕이 진실하기 때문이다."라고 밝혔다.

이 장에서는 "선한 사람에게는 보배가 되고, 선하지 않은 사람도 보전해야 하는 것이다. …… 사람들의 선하지 못함이라고 해서 어찌 그것을 버릴 것이 있겠는가? …… 도로써 구하면 얻을 수 있고, 죄를 지어도 그것으로써 용서받을 수 있기 때문이 아니겠는가?"라고 하는 말은 도는 선한 사람이든 선하지 않은 사람이든 차별하지 않고 모두에게 필요한 존재라는 것이다.

만일에 도가 좋은 것만 좋아하고, 선하지 않은 것은 미워한다면 천하 만물이 어찌 도에 의지하여 존재할 수 있겠는가?

그래서 도는 만물을 특별히 편애하지 않고, 각자의 본성대로 이루어가도록 맡겨두는 것이다.

『주역』에서는 곤坤괘의 덕이 만물을 포용하여 길러서 자라게 한다. 「단전」에서는 "곤은 두텁게 만물을 실으니 그 덕이 끝이 없다.(곤후재물坤厚載物 덕합무강德合無疆)"고 하며, 「상전」에서는 "땅의 힘이 곤이다. 군자는 곤의 덕을 본받아 덕을 두텁게 하여 만물을 포용한다.(지세곤地勢坤 군자이후덕재물君子以厚德載物)"고 한다.

천하 만물을 포용할 수 있어야만 천하를 얻을 수 있는데, 임금을 세우고, 재상을 맡기는데 있어 천하 만물을 포용하는 덕을 바치는 것보다 더 큰 선물이 있을 수 없는 것이다.

# 제63장 위무위爲無爲

## 세상일은 작은 것에서부터 시작한다

**◉원문번역**

자연무위의 방법으로 행하고,

爲無爲위무위

어지럽지 않은 방법으로 일하며,

事無事사무사

맛이 없는 것으로 맛을 삼는다.

味無味미무미

작은 것을 크게 보며, 적은 것을 많게 보고,

大小多少대소다소

원한을 덕으로써 갚는다.

報怨以德보원이덕

어려운 일을 하려면 쉬운 것에서부터 하고,

圖難於其易도난어기이

원대한 것을 이루려면 미세한 것부터 한다.

爲大於其細위대어기세

세상에서 어려운 일은 반드시 쉬운 것에서부터 시작되고,

天下難事 必作於易천하난다 필작어이

세상에서 원대한 것은 반드시 미세한 것에서 시작된다.

天下大事 必作於細천하대사 필작어세

이런 이치로 성인은 큰일을 하려고 하지 않는다.

是以聖人不爲大시이성인불위대

그래서 오히려 큰일을 이룰 수 있는 것이다.
故能成其大공능성기대

보통 가볍게 승낙한 것은 반드시 신용이 부족하고,
夫輕諾必寡信부경락필과신

일을 너무 쉽게 보면 반드시 많은 어려움을 당한다.
多易必多難다이필다난

그래서 성인은 일을 만나면 오히려 어렵게 여긴다.
是以聖人猶難之시이성인유난지

그러므로 마침내 어려움이 없게 되는 것이다.
故終無難矣고종무난의

◉ 주해

자연무위의 도를 아는 사람은 인위적으로 무엇을 억지로 하지 않고, 무엇을 하되 소란스럽지 않게 하며, 부귀공명과 같은 탐욕을 버리고 청정淸淨하고 염담恬淡한 물처럼 담담한 마음으로 일을 처리한다.

"원한을 덕으로써 갚는다."는 부분은 앞뒤의 문맥과 잘 이어지지 않는다. 이 부분은 잘 못 끼어든 것으로 보인다. 내용으로 보아 79장과 어울릴 것 같다.

또 도를 아는 사람은 세상일을 쉽게 보지 않기 때문에 잘 이룰 수 있다고 한다. 즉 세상의 모든 일은 작은 것에서 시작하여 크게 이루어지므로 처음 시작되는 작은 것을 소홀히 해서는 안 된다는 것이다.

이 말은 『주역』 곤坤괘 초육 효사 "서리를 밟으면 곧 단단한 얼음이 이른다."[61]는 내용과 부합하는 부분이다. "서리를 밟으면 단단한 얼음이 이른다."는 말은 겨울이 시작되면서 첫 서리가 내리면 점점 추워져서 마침내는 얼음이 꽁꽁 어는 큰 추위로 이어진다는 것이다. 그래서 성인은 이런 자연의 이치를 미리 알아서 대처하는 것이다.

---

61 『주역』 곤坤괘 초육 효사, "履霜 堅氷至"

# 제64장 기안이지其安易持

언제나 욕심이 일을 망친다

**◉원문번역**

안정된 것은 유지하기 쉽고,
其安易持기안이지

아직 기미가 없는 것은 도모하기 쉬우며,
其未兆易謨기미조이모

취약한 것은 깨뜨리기 쉽고,
其脆易泮기취이반

미약한 것은 흩뜨리기 쉽다.
其微易散기미이산

그래서 일이 생겨나기 전에 처리하고,
爲之於未有위지어미유

혼란이 일어나기 전에 다스려야 한다.
治之於未亂치지어미란

아름드리나무도 털끝 같은 작은 씨앗에서 생겨나고,
合抱之木 生於毫末합포지목 생어호말

아홉층 높이의 누대도 한 삼태기의 흙을 쌓는데서 시작되며,
九層之臺 起於累土구층지대 기어루토

천리의 먼 길도 한걸음부터 시작된다.
千里之行 始於足下천리지행 시어족하

의도를 가지고 인위적으로 억지로 하는 일은 실패하고,
爲者敗之위자패지

집착을 하여 고집하면 그것을 잃는다.

執者失之집자실지

그래서 도를 아는 성인은 무위의 방법으로 하기 때문에 실패하지 않는다.

是以聖人無爲故無敗시이성인무위고무패

또 집착하여 고집하지 않으므로 잃지 않는다.

無執故無失무집고무실

세상 사람들이 일을 함에는 늘 거의 성공하려고 할 때 실패를 만난다.

民之從事 常於幾成而敗之민지종사 상어기성이패지

처음처럼 끝까지 신중하면 실패하는 일은 없을 것이다.

愼終如始 則無敗事신종여시 즉무패사

그러므로 성인은 욕심내지 않는 것을 욕심내고,

是以聖人欲不欲시이성인욕불욕

얻기 어려운 재물을 귀하게 여기지 않으며,

不貴難得之貨불귀난득지화

사람들이 배우지 않는 것을 배우고,

學不學학불학

여러 사람들의 잘못을 구제한다.

復衆人之所過복중인지소과

그리하여 만물이 자연 그대로 발전하는 것을 도울 뿐 억지로 간여하지 않는다.

以輔萬物之自然易不敢爲이보만물지자연이불감위

◉ 주해

앞장에 이어 자연무위의 도를 따라서 일을 하면 실패가 없음을 강조하고 있다.

노자는 취약한 것은 깨뜨리기 쉽고, 미약한 것은 흩뜨리기 쉽기 때문에 일이 커지기 전에 처리하면 쉽다고 말한다. 그런데 이 말은 반대로 큰일을 이루려면 시작을 조심하고 잘 하여야 한다는 말과도 통하는 것이다. 그래서 "처음처럼 끝까지 신중하면 실패하는 일은 없을 것이다."고 말하고 있다.

노자의 사고 관념이 본래 대립물은 상호 대대하면서 그 시작과 끝을 이어받고, 서로 보완하여 이루어준다는 것이다. 여기서도 같은 어법으로 말하고 있다. 이것은 『주역』의 자연순환론에 해당하는 것이기도 하다.

시작은 미약하므로 쉽게 깨어지거나 흩뜨려질 수 있기 때문에 잘 보호하고, 감싸서 키워야 된다는 사상은 『주역』 건乾괘 초구의 "잠겨 있는 용이니 쓰지 말아야 한다."[62]는 말과 부합하고 있다.

잠겨 있는 용이라서 쓸 수 없다는 것은 아직 시작단계라서 그 힘이 미약하므로 함부로 나서서 날뛰면 안 된다는 의미다.

또 "혼란이 일어나기 전에 다스려야 한다. 아름드리나무도 털끝 같은 작은 씨앗에서 생겨나고, 아홉층 높이의 누대도 한 삼태기의 흙을 쌓는데서 시작되며, 천리의 먼 길도 한걸음부터 시작된다."는 말은 앞장에서 말한 『주역』 곤坤괘 초육 효사 "서리를 밟으면 곧 단단한 얼음이 이른다."는 내용과 같은 연장선상에 있다.

그리고 "처음처럼 끝까지 신중하면 실패하는 일은 없을 것이다."는

---

62 『주역』 건乾괘 초구, "潛龍勿用"

말 역시 『주역』 건乾괘 구삼九三 효사 “군자가 종일 힘쓰고 노력하며, 저녁에도 두려워하면 위태로워도 허물이 없을 것”[63]이라는 말과 부합한다.

63 『주역』 건乾괘 구삼, “君子終日乾乾 夕惕若 厲 無咎”

# 제65장 고지선위도古之善爲道

백성은 위정자를 닮는다

**◉원문번역**

옛날에 도를 잘 행한 사람은 백성을 정교하게 만들지 않고, 순박하게 했다.

古之善爲道者 非以明民 將以愚之고지선위도자 비이명민 장이우지

백성을 다스리기 어려운 것은 다스리는 자들이 꾀를 너무 많이 사용했기 때문이다.

民之難治 以其智多민지난치 이기지다

그러므로 꾀를 써서 나라를 다스리는 것은 나라의 해독이 된다.

故以智治國 國之賊고이지치국 국지적

꾀를 쓰지 않고 나라를 다스리는 것은 나라의 복이 된다.

不以智治國 國之福불이지치국 국지복

이 두 가지를 아는 것이 나라를 다스리는 중요한 법칙이다.

知此兩者 亦稽式지차양자 역계식

항상 이 법칙을 아는 것이 이른바 현덕이라는 것이다.

常知稽式 是謂玄德상지계식 시위현덕

현덕은 깊고도 넓어서 만물과 더불어 진실하고 순박한 것으로 돌아간다.

玄德深矣 遠矣 與物反矣현덕심의 원의 여물반의

그런 후에 도와 합하게 된다.

然後乃至大順연후내지대순

◉ 주해

이 장의 의미는 곡해하기 쉬운 면이 있다. 예컨대 "옛날에 도를 잘 행한 사람은 백성을 총명하게 만들지 않고, 어리석게 만들었다."고 풀이를 하게 되면, 총명한 백성은 다스리기 까다로우므로 바보처럼 만들어야 된다는 뜻으로 이해하기 쉽다.

지금까지 보아온 바와 같이 노자가 가지고 있는 일관된 사상은 자연무위의 도가 아닌 인위적이고 의도를 갖고 억지로 이루려는 데서 나온 제도와 예제 같은 지식은 백성을 정교하고 간악하게 만든다는 것이다. 그래서 백성을 도의 본질인 순박성을 본받도록 해야 하는 것이다.

다스리는 자가 순박해야 백성이 순박해진다. 그렇지 않고 지혜로운 꾀를 내어 정교하게 다스리면 백성도 순박성을 잃고 그렇게 되게 마련이다.

백성을 다스리기 어려운 이유는 다스리는 자들의 간사한 지혜로 사리사욕만 채우려는 모습을 보였기 때문에 백성 또한 이를 닮아가고 있기 때문이다.

그래서 노자는 백성이 정교한 지혜로 사사욕을 탐하는 무리가 아닌 순박한 무리가 되도록 해야 한다는 의미에 '우愚'라는 표현을 쓴 것이다. 우는 우매하다는 뜻이 아니고 자연무위의 도를 깨우친 성인처럼 순박하다는 것을 말하는 것이다. 20장에서는 도를 깨우친 성인의 모습을 "나는 참으로 어리석은 사람의 마음이구나! 아무것도 모르는 것 같다."고 표현한 바 있다.

## 제66장 강해위백곡왕江海爲百谷王

### 위정자는 욕심을 버리고 겸손해야 한다

**◉원문번역**

강과 바다가 모든 계곡의 물이 흘러들 수 있는 까닭은 계곡보다 낮은 곳에 있기 때문이다.

江海之所以能爲百谷王者 以其善下之강해지소이능위백곡왕자 이기선하지

그래서 모든 계곡의 왕이 될 수 있는 것이다.

故能爲百谷王고능위백곡왕

이런 이유로 성인이 백성의 위에 서고자 하면 반드시 언행을 일치하여 그들에게 겸손해야 한다.

是以聖人欲上民 必以言下之시이성인욕상민 필이언하지

또 백성의 본보기가 되고자 하면 반드시 자신의 이익을 그들보다 뒤에 두어야 한다.

欲先民 必以身後之욕선민 필이신후지

이런 이유로 성인이 백성 위에 있어도 백성이 무거워하지 않고,

是以聖人處上而民不重시이성인처상이민부중

앞에 나서도 백성이 해롭다고 느끼지 않는다.

處前而民不害처전이민불해

그래서 천하 백성이 그를 즐겁게 추대하고, 싫어하지 않는다.

是以天下樂推而不厭시이천하락추이불염

그가 이렇게 다투려고 하지 않기 때문에 천하가 그와 다툴 수 없는 것이다.

以其不爭 故天下莫能與之爭이기부쟁 고천하막능여지쟁

◉ 주해

노자가 당시에 보고 느낀 위정자들은 백성에게 위세를 부리고, 깔보아서 백성에게 위압감을 주었다. 게다가 권세를 이용하여 이익을 먼저 차지하려고 다투어 백성을 해쳤다.

이 때문에 노자는 위정자들이 낮은 곳에 처하는 겸손함과 부드러우며 다투지 않는 유약부쟁의 마음을 가져야 한다고 강조한 것이다.

그래서 노자는 위정자가 물과 같은 덕이 있어야 함을 말하고 있다. 8장에서는 "가장 훌륭한 덕은 물과 같다. 물은 만물을 이롭게 하면서도 다투지 않으며, 사람들이 싫어하는 곳에 머문다. 그래서 도에 가깝다. 이런 물과 같은 덕을 가진 사람은 낮은 땅에 처하기를 잘하고, 마음을 씀에 있어서는 깊고도 고요하며, 베풀어줌에 있어서는 어진 마음으로 하며, 말을 함에는 신실함이 있고, 다스리는 것은 간소하게 잘 하고, 일을 처리함에는 능력에 잘 맞추고, 행동을 할 때는 때를 잘 파악한다."고 강조했다.

또 22장에서는 성인은 낮은 곳에 처하며, 부드럽고 다투지 않는 물과 같은 도를 깨우친 까닭에 "바로 남과 다투지 않으므로 세상에 아무도 그와 다투지 않는다."고 표현하였으며, 32장에서는 "비유하자면 도가 천하에 존재함은 내와 골짜기의 물이 강과 바다로 흘러드는 것과 같다."고 도의 포용성을 설명하고 있다.

그런데 도의 이런 포용성, 낮은 곳에 처하는 모습, 부드러우며 다투지 않는 태도는 『주역』 곤괘의 특성과 부합하고 있다.

곤坤괘 「단전」은 "하늘은 높고 땅은 낮다."[64]고 한다. 이 말은 곤은 낮은 곳에 처하는 특성이 있음을 말하는 것이다.

---

64 『주역』 곤坤괘 「단전」, "天尊地卑"

또 「계사전」에서는 "건은 강하고, 곤은 부드럽다."[65]고 하며, 「잡괘전」에서는 "곤은 부드럽다."[66]고 한다. 곤의 유연성을 말하는 것이다.

곤괘의 특성은 무엇보다 만물을 포용하는 후덕함이다. 곤괘 「단전」에서는 "곤은 두텁게 만물을 실으니 그 덕이 끝이 없다."[67]고 하고, 「상전」에서는 "땅의 힘이 곤이다. 군자는 곤의 덕을 본받아서 덕을 두텁게 하여 만물을 포용한다."[68]고 한다.

---

65 「계사전」, "乾坤剛柔"

66 「잡괘전」, "坤柔"

67 곤坤괘 「단전」, "坤厚載物 德合無疆"

68 곤坤괘 「상전」, "地勢坤 君子以厚德載物"

# 제67장 천하개위天下皆謂

**자애·검약·겸양이 위정자의 덕목이다**

◉ **원문번역**

세상 사람이 모두 나를 크기는 하지만 어리석은 것 같다고 한다.

**天下皆謂我大 似不肖**천하개위아대 사불초

오직 크기 때문에 어리석어 보이는 것이다.

**夫唯大 故似不肖**부유대 고사불초

만일 똑똑하다면 오래 전부터 이미 작았을 것이다.

**若肖 久矣其細也夫**약초 구의기세야부

나에게는 세 가지 보물이 있는데, 그것을 잘 지키고, 보존한다.

**我有三寶 持而保之**아유삼보 지이보지

첫째는 자애로움이고,

**一曰慈**일왈자

둘째는 검약함이고,

**二曰儉**이왈검

셋째는 감히 다른 사람의 앞에 나서지 않으려는 것이다.

**三曰不敢爲天下先**삼왈불감위천하선

자애롭기 때문에 용감할 수 있고,

**慈故能勇**자고능용

검약하기 때문에 널리 베풀 수 있고,

**儉故能廣**검고능광

다른 사람의 앞에 나서지 않으려하기 때문에 우두머리가 될 수 있다.

**不敢爲天下先 故能成器長**불감위천하선 고능성기장

그런데 지금 자애로움을 버리고 용감함을 구하고,
今舍慈且勇금사자차용

검약함을 버리고 널리 베풀려 하며,
舍儉且廣사검차광

물러나 양보하는 것을 버리고 앞서려 하는 것은 죽음으로 가는 것이다.
舍後且先 死矣사후차선 사의

무릇 자애로움으로써 싸우면 이기고,
夫慈以戰則勝부자이전즉승

자애로움으로써 지키면 견고하다.
以守則固이수즉고

하늘이 장차 누구를 구하려고 하면,
天將救之천장구지

자애로움으로써 그를 보호할 것이다.
以慈衛之이자위지

◉ 주해

『도덕경』을 읽으면서 느낄 수 있는 것은 노자는 먼저 자연무위의 도에 관해 말하고, 이것을 바탕으로 인생론과 정치론을 이야기하는 것이다.

그래서 각 장에서 같은 표현이 여러 차례 나오기도 하고, 또는 다른 표현도 있지만 기본 관념과 말하고자하는 내용은 똑 같다.

이 장에서도 도를 지닌 성인의 모습이 큰 것 같지만 보통 사람이 보기엔 어리석은 것 같다고 한다.

이 말은 앞에서 누차 언급된 것이다. 도라는 것은 천지의 시작이고, 만물의 근원이기 때문에 천하 만물을 모두 포함한 것이다. 따라서 도보다 큰 것은 없다.

그런데 도는 형이상의 추상적 개념이므로 아무리 크더라도 보고 듣고 지각할 수 없어서 마치 형체가 없는 것 같다. 그래서 41장에서는 "큰 소리는 오히려 들리지 않고, 큰 형상은 모습이 드러나지 않는다."고 설명한 바 있다.

그리고 20장에서는 도를 가진 사람의 모습을 "나만 홀로 조용히 아무것도 드러내지 않아 마치 웃을 줄 모르는 어린아이 같다. 모든 사람이 다 여유가 있는데, 나만 홀로 부족한 듯하다. 나는 참으로 어리석은 사람의 마음이구나! 아무것도 모르는 것 같다. 세상 사람이 모두 밝고 밝은데, 나만 홀로 어둡고 우매한 모양이다. 세상 사람이 모두 총명하고 재주가 있으나 나만 홀로 바보 같다."고 표현했다.

자연무위의 도를 지닌 성인이 아끼는 세 가지 보물은 자애로움과 검약함과 남보다 앞서려 하지 않고 양보하는 자세이다.

도는 천지 만물을 낳아서 본성대로 이루어가도록 하는 모든 것을 맡고 있다. 그렇기 때문에 도의 마음은 자애로울 수밖에 없다. 마치 어미가 자식에 대해 베푸는 무한의 애정과 같은 자애로움이라고 할 수 있다. 그래서 8장에서는 "덕을 가진 사람은 낮은 땅에 처하기를 잘하고, 마음을 씀에 있어서는 깊고도 고요하며, 베풀어줌에 있어서는 어진 마음으로 한다."고 했다.

그리고 도는 본래 질박하다. 꾸밈이 없다. 그렇지만 이렇게 꾸밈이 없고 질박한 도가 천하 만물에 대한 베풂은 끝이 없다.

노자가 도에 비유하는 물은 부드러우면서 다투지 않고 천하 만물을 이롭게 한다. 유약하여 다투지 않음은 도의 본성이다.

노자는 도의 본성을 세 가지 보배에 비유하여 제시하면서 위정자들에게 이 도를 본받아서 세상을 다스려야 한다고 역설하는 것이다.

# 제68장 선위사자善爲士者

## 사람을 잘 부리는 자는 남에게 겸손하다

◉ **원문번역**

훌륭한 장수는 용맹함을 드러내지 않고,
善爲士者 不武선위사자 불무

잘 싸우는 사람은 함부로 화를 내지 않고,
善戰者 不怒선전자 불노

적과 싸워 잘 이기는 사람은 적에 맞서 싸우지 않고,
善勝敵者 不與선승적자 불여

사람을 잘 쓰는 자는 다른 사람에게 겸손하다.
善用人者 爲之下선용인자 위지하

이것을 일러 다투지 않는 덕이라고 하고,
是謂不爭之德시위부쟁지덕

사람을 잘 쓰는 능력이라고 하며,
是謂用人시위용인

하늘의 도에 부합한다고 하는 것인데,
是謂配天시위배천

자고이래의 최고의 도인 것이다.
古之極也고지극야

◉ 주해

사士는 병사의 뜻으로 쓰였다. 위爲는 '다스리다' 혹은 '관리하다'의 의미로 여기서는 '통솔하다'는 뜻이다. 따라서 '위사爲士'는 병사를 통솔하는 장수직을 맡는다는 의미다.

노자는 전쟁에 관한 문제 역시 자연무위의 도를 따라야 한다고 말하고 있다.

훌륭한 장수는 용맹함을 드러내지 않는다고 하는 것은 부드러운 물이 강한 것을 이긴다는 법칙을 적용한 것이다.

물은 고요함을 좋아한다. 성을 낸다는 것은 고요한 청정심을 잃은 것으로 물의 부드러움을 벗어난 것이다. 성을 내어 싸우면 패하게 마련이다.

싸워서 잘 이기는 사람은 적에 맞서지 않는다는 것은 싸우지 않고 이기는 것이 상책이라는 것이다.

앞의 30장에서도 이야기 한 바와 같이 노자의 전쟁론은 비슷한 시기에 활동한 대병법가 손자에게 영향을 미쳤다. 손자는 「모공謀攻」에서 "싸우지 않고 굴복시키는 것이 최상"[69]이라고 한다.

사람을 잘 쓰는 자는 남에게 겸손하다는 것 또한 낮은 곳에 처하기를 잘 하는 도의 특성이다.

---

69 『손자병법』「謀攻」, "不戰而屈人之兵 善之善者也"

# 제69장 용병유언用兵有言

### 자애로움을 가진 자가 최후의 승자가 된다

**◉원문번역**

병법에 다음과 같은 말이 있다.

用兵有言용병유언

"내가 과감하게 침범하지 말고 수세만 취하고,

吾不敢爲主 而爲客오불감위주 이위객

감히 한 치를 전진하지 말고 한 자를 후퇴하라."

不敢進寸 而退尺불감진촌 이퇴척

이것은 싸우려는 진형陣形은 있으나 배치할 진형이 없는 듯 하고,

是謂行無行시위행무행

비록 팔을 휘두르려 하지만 들어 휘두를 팔이 없는 것 같고,

攘無臂양무비

적을 대하고 있지만 물리칠 적이 없는 것 같으며,

仍無敵잉무적

무기는 있으나 잡을 무기가 없는 것 같다는 것이다.

執無兵집무병

적을 가볍게 여기는 것보다 큰 화는 없다.

禍莫大於輕敵화막대어경적

적을 가볍게 여기면 아마도 나의 보배를 잃게 될 것이다.

輕敵幾喪吾寶경적기상오보

그러므로 두 군대가 서로 싸우게 되면 자애로운 쪽이 승리하게 된다.

故抗兵相若 哀者勝矣고항병상약 애자승의

◉ **주해**

노자는 무고한 생명을 앗아가고, 기아와 질병을 만연케 하며, 토지를 황폐하게 하는 전쟁을 기본적으로 반대한다.

그러나 어쩔 수 없이 전쟁에 말려들면 싸우지 않고 이기는 것이 가장 좋은 방법이다.

그렇지도 못해서 싸움을 하게 되면 적극적으로 침범하지 말고 적의 공격에 수세만 취하여 감히 한 치라도 앞으로 나아가지 말고 오히려 한 자를 후퇴하라고 한다.

이것은 침략과 분쟁에 대해 근본적으로 마음이 없다는 뜻이다.

하지만 겸양하고, 물러나 다투지 않는 자세로 적을 대하는 것은 적의 눈에 보이지 않는 대군의 행진과 같고, 보이지 않는 팔뚝을 휘두르는 것 같으며, 적이 없는 곳에 진군하는 것 같고, 무기를 들지 않았지만 날카로운 무기를 잡고 있는 것과 같다는 것이다.

적을 제압하는 역량을 지니고도 경솔하게 사용하지 않는 것은 자애로움을 가지고 적을 대하는 것이기 때문에 승리를 거두게 된다는 것이다.

67장에서는 "무릇 자애로움으로써 싸우면 이기고, 자애로움으로써 지키면 견고하다. 하늘이 장차 누구를 구하려고 하면, 자애로움으로써 그를 보호할 것이다."라고 했다.

## 제70장 오언심이지吾言甚易知

### 성인은 낡은 옷을 입고 있으나 보석을 품고 있다

**◉ 원문번역**

내 말은 아주 이해하기 쉬고, 실행하기도 무척 쉽다.

**吾言甚易知 甚易行**오언심이지 심이행

그러나 세상 사람이 이해하지 못하고, 실행하지도 못한다.

**天下莫能知 莫能行**천하막능지 막능행

말에는 주된 뜻이 있고, 일을 행하는 데는 근거가 있다.

**言有宗 事有君**언유종 사유군

하지만 이런 이치를 모르기 때문에 나를 이해하지 못한다.

**夫唯無知 是以不我知**부유무지 시이불아지

나를 이해하는 사람이 적어서 나를 본받는 사람도 아주 드물다.

**知我者希 則我者貴**지아자희 칙아자귀

그래서 도를 지닌 성인은 거친 옷을 입고 있으나 속으로는 아름다운 구슬을 품고 있는 것이다.

**是以聖人被褐懷玉**시이성인피갈회옥

**◉ 주해**

노자는 비어있는 허정虛靜, 부드럽고 온화한 유약柔弱, 자애롭고 검소한 자검慈儉, 다투지 않는 부쟁不爭 등으로 도를 표현한다.

이것은 모두 자연무위의 도에 따른 것이므로 누구나 이해하기 쉽고, 실행하기도 쉽다. 하지만 이렇게 쉬운 것을 아는 사람도 드물고, 따라서 실천에 옮기는 사람도 적다.

자연무위의 도를 지닌 사람은 텅 빈 것 같으면서 부드럽고 온화하며, 자애롭고 검소한데다 남과 다투려고도 하지 않으므로 그 모습은 낡은 삼베옷을 걸친 볼품없는 사람 같다.

하지만 그의 속에는 아름다운 구슬보다도 값진 자연무위의 도를 품고 있는 것이다.

그래서 이런 성인을 15장에서는 "옛날에 도를 잘 행한 사람은 미묘하게 통달하여 그 심오함을 헤아리기 어렵다."고 한 것이다.

한편 이 장에서 말하는 "내 말은 아주 이해하기 쉬고, 실행하기도 무척 쉽다."는 대목은 『주역』의 세 가지 큰 뜻 가운데 하나인 '이간易簡'과 맥을 같이 하고 있다.

『주역』의 역易 자에는 세 가지 의미가 있다.

하나는 우주변화의 이치를 말하는 역이다. 우주 만물은 잠시도 제자리에 머물지 않고 언제나 변화한다. 이것을 변역變易이라고 한다.

둘은 이렇게 우주 만물이 쉬지 않고 변화하는 규율은 절대로 바뀌지 않는 진리이다. 우주변화의 도는 항구한 도라는 의미다. 그래서 불역不易이라고 한다.

셋은 절대 변화하지 않는 규율을 따라서 항상 쉬지 않고 변화하는 만물의 동태는 자연의 섭리로서 누구나 쉽게 알 수 있는 일이라는 것이다. 그래서 이간易簡이라고 한다.

「계사전」은 "건乾은 큰 시작을 맡고, 곤坤은 만물을 만들어 완성한다. 건은 쉬움을 주장하고, 곤은 간략함에 능하다. 쉬우면 알기 쉽고, 간략하면 따르기 쉽다. …… 쉽고 간략함에 천하의 이치가 얻어진다."[70]

물론 노자의 『도덕경』은 『주역』의 이간의 원리 외에 나머지 두 원리와도 똑같이 부합한다. 이 부분은 앞의 1부에서 꺼낸 바 있다.

70 「계사전」 상1장, "乾知大始 坤作成物 乾以易知 坤以簡能 易則易知 簡則易從 …… 易簡而天下之理得矣"

# 제71장 지부지知不知

## 자신이 모르는 것이 있다는 것을 아는 것이 최상이다

**◉ 원문번역**

스스로 모르는 것이 있다는 것을 아는 것이 최고의 덕이다.

**知不知上**지부지상

그리고 모르면서 스스로 안다고 여기는 것은 결점이다.

**不知知 病也**부지지 병야

도를 지닌 성인이 이런 결점이 없는 것은 그 결점을 결점으로 여기기 때문이다.

**聖人不病 以其病病**성인불병 이기병병

그래서 결점이 되지 않는 것이다.

**是以不病**시이불병

**◉ 주해**

지부지知不知는 어떻게 해석하는가에 따라 의미가 달라질 수 있다.

우선 '알면서 오히려 스스로 안다고 여기지 않는 것'으로 해석하는 것이다.

다음은 '자신이 모르는 것이 있다는 것을 아는 것'으로 해석하는 것이다.

처음의 '알면서 오히려 스스로 안다고 여기지 않는 것'으로 해석하게 되면 자연무위의 도를 알면서도아는 체 하지 않는 겸손의 덕을 묘사하는 것으로 이해할 수 있다.

여기서는 두 번째의 해석을 따랐다.

알면서도 모르는 것처럼 하기도 쉬운 일은 아니지만, 스스로 무엇을 얼마나 모르는지를 아는 것이 더 어려운 것이다.

이러함에도 불구하고 아는 것도 없고, 무엇을 얼마나 모르는지도 모르면서 아는 체 하는 것은 큰 병이다.

56장에서는 "아는 사람은 말하지 않고, 말을 하는 사람은 알지 못한다."고 했다.

공자는 "아는 것을 안다고 하고, 모르는 것을 모른다고 하는 것이 정말로 아는 것이다."[71]라고 한다.

공자와 노자의 견해가 비슷한 것 같으면서도 차이가 있다. 모르는 것을 모른다고 하는 것은 모르면서도 아는 체 하지 않는다는 의미로 통할 것이다.

하지만 '아는 것을 안다고 하는 것'과 '스스로 모르는 것이 있음을 아는 것'의 의미는 분명히 차이가 크다.

---

71 『논어: 위정편』, "知之爲知之 不知爲不知 是知也"

## 제72장 민불외위民不畏威

**백성은 핍박을 받으면 죽음조차 불사한다**

◉ **원문번역**

백성이 정치의 위압을 두려워하지 않게 되면 진실로 큰 변란이 생긴다.
**民不畏威 則大威至**민불외위 즉대위지

백성이 사는 곳을 핍박하지 말고, 백성의 생활을 억압하지 마라.
**無狎其所居 無厭其所生**무압기소거 무염기소생

무릇 백성을 억압하지 않으면, 백성이 정치를 미워하지 않는다.
**夫唯不厭 是以不厭**부유불염 시이불염

이런 이치로 도를 지닌 성인은 스스로를 알지만 자신을 드러내지 않고,
**是以聖人自知不自見**시이성인자지부자현

스스로를 아끼지만 스스로를 고귀하게 하지 않는다.
**自愛不自貴**자애부자귀

그래서 성인은 스스로를 들어내는 것(자현自見)과, 스스로를 고귀하게 하는 것(자귀自貴)를 버리고, 스스로를 아는 것(자지自知)과 스스로를 아끼는 것(자애自愛)을 취하는 것이다.
**故去彼取此**고거피취차

◉ **주해**

민불외위民不畏威 즉대위지則大威至에서 '畏威'의 威는 위압威壓으로 풀이했고, '大威'의 威는 두려운 일로, 재난災難이나 변란變亂으로

풀이했다.

무압無狎은 천하를 다스리는 자는 백성이 사는 곳을 협소하고 불편하게 해서는 안 된다는 의미다.

무염無厭은 백성의 생활을 압박하여 불편하게 해서는 안 된다는 것을 말한다.

폭정과 핍박은 백성을 억누르는 데 사용하는 공포의 수단이다. 백성은 편안히 안주할 수 없고, 편안히 생활할 수 없게 되면 위험을 무릅쓰게 된다.

그래서 노자는 고압적인 폭정에 대해 경고를 하고 있다.

전제정치는 권위로 백성을 억눌러 제압하려고 한다. 이렇게 하여 백성이 참을 수 없는 지경에 이르면 죽음을 가볍게 여겨 반란을 일으킨다. 이것은 고금의 역사가 증명하는 진리다.

# 제73장 용어감勇於敢

강하면 부러지고 부드러우면 오래 간다

**◉원문번역**

군셈에 용감하면 죽게 되고,

勇於敢則殺용어감즉살

유약함에 용감하면 살 수 있다.

勇於不敢則活용어불감즉활

이 두 가지의 용감함에서 어떤 것은 이롭고, 어떤 것은 해롭다.

此兩者 或利或害차양자 혹리혹해

천도가 싫어하는 것을 누가 그 까닭을 알겠는가?

天之所惡 孰知其故천지소오 숙지기고

그러므로 도를 지닌 성인은 오히려 이를 어렵게 여긴다.

是以聖人猶難之시이성인유난지

자연의 규율은 다투지 않아도 잘 이기고,

天之道 不爭而善勝천지도 부쟁이선승

말하지 않아도 잘 응하며,

不言而善應불언이선응

부르지 않아도 저절로 오고,

不召而自來불소이자래

느릿느릿하면서도 잘 도모한다.

繟然而善謀천연이선모

자연의 범위는 넓고 넓어서 성긴듯해도 조금도 빠뜨리는 일이 없다.

天網恢恢 疏而不失천망회회 소이불실

◉ 주해

용어감즉살勇於敢則殺과 용어불감즉활勇於不敢則活에서 敢을 굳셈에 용감하다고 풀이하고, 不敢을 유약함에 용감하다고 해석한 것은 76장에 근거한다. 76장에서는 "굳고 강한 물건은 죽은 부류에 속하고, 부드럽고 약한 물건은 살아 있는 부류에 속한다."고 한다.

자연무위의 도는 유약하여 다투지 않지만 천하 만물을 낳아 기른다. 노자는 사람은 부드러우며 다투지 않는 도를 본받아야 하며, 굳세고 잘 다투는 죽음의 무리를 경계해야 한다고 말한다.

여러 차례 나온 이야기지만 자연무위의 도는 유약하고 다투지 않지만 만물을 낳아 기르는 포용성을 갖고 있다. 이것은 『주역』 곤괘의 특성과 같다.

『주역』에서는 굳세고 강한 것, 즉 건乾의 덕을 중히 여긴다. 하늘은 존귀하고 땅은 비천하다는 천존지비天尊地卑, 양의 기운은 강하고 음의 기운은 약하다는 양강음유陽剛陰柔, 남자는 존귀하고 여자는 천하다는 남존여비男尊女卑, 관리는 존귀하고 백성은 천하다는 관존민비官尊民卑 등의 관념이 이를 방증하고 있다.

그러나 노자는 낮은 곳에 처해 유약하지만 만물을 낳아 기르는 곤坤의 덕을 더 귀하게 여긴다.

# 제74장 민불외사民不畏死

**백성의 목숨을 우습게 아는 위정자는 재앙이 닥친다**

**◉원문번역**

백성이 죽음을 두려워하지 않는데,

民不畏死민불외사

어찌 죽음으로써 그들을 두렵게 할 수 있겠는가?

奈何以死懼之내하이사구지

만약 백성으로 하여금 항상 죽음을 두렵게 하고,

若使民常畏死약사민상외사

사악한 짓을 하는 자를 내가 잡아 죽일 수 있다면, 누가 감히 나쁜 짓을 할 수 있겠는가?

而爲奇者 吾將得而殺之 孰敢이위기자 오장득이살지 숙감

항상 죽이는 일을 맡은 사람이 죽이는 일을 집행한다.

常有司殺者殺상유살자살

무릇 죽이는 일을 맡은 사람을 대신하여 죽이는 일을 집행하는 것은 곧 목수를 대신하여 나무를 자르는 것과 같다.

夫代司殺者殺 是謂代大匠斲부대사살자살 시위대대장착

목수를 대신하여 나무를 자르는 사람은 자신의 손을 다치지 않는 일이 드물다.

夫代大匠斲者 希有不傷其手矣부대대장착자 희유불상기수의

◉ **주해**

사람은 누구나 삶을 좋아하고, 죽음을 싫어한다. 그런데 백성이 죽음을 두려워하지 않는다는 것은 억압과 수탈의 폭정으로 사는 것이 죽는 것보다 못한 경우일 것이다.

이렇게 죽음을 두려워하지 않는 백성에게 계속하여 죽음을 빌미로 협박을 한다고 한들 백성이 더 이상 무엇이 두려울 것이 있겠는가?

위정자가 자연무위의 도로써 백성이 편안하고 행복하게 살도록 하면 그들은 자연히 오래 오래 살고 싶어질 것이다. 이렇게 하는데도 사악한 짓을 하는 사람이 생겨나서 할 수 없이 하늘을 대신하여 그 목숨을 거둔다면 감히 사악한 짓을 할 사람은 아무도 없게 된다.

그런데 위정자가 백성이 죽음을 두려워하지 않을 정도로 폭정을 펴고도 모자라서 오직 하늘만이 가지고 있는 사람의 생사문제를 하늘을 대신하여 마구 휘두른다면 흉화를 당하게 될 것이다.

노자는 사람의 삶과 죽음의 결정권을 가진 하늘을 대목수에 비유하고 있다. 대목수만이 가지고 있는 권한을 폭정을 휘두르는 위정자가 대신하여 백성 죽이기를 일삼는다면 반드시 스스로의 몸에 상처를 입는다고 경고하고 있다.

## 제75장 민지기民之饑

### 위정자가 사욕을 부리면 백성이 죽음을 불사한다

**◉원문번역**

백성이 굶주리는 것은 위정자가 세금을 많이 거둬가기 때문이다.

民之饑 以其上食稅之多민지기 이기상식세지다

그래서 굶주리는 것이다.

是以饑시이기

백성을 다스리기 어려운 것은 위정자가 인위적으로 함부로 하기 때문이다.

民之難治 以其上之有爲민지난치 이기상지유위

그래서 다스리기 어려운 것이다.

是以難治시이난치

백성이 죽음을 가볍게 여기는 것은 위정자가 호화롭게 잘 살려고 하기 때문이다.

民之輕死 以其上求生之厚민지경사 이기상구생지후

그래서 죽음을 가볍게 여기는 것이다.

是以輕死시이경사

깨끗하고 욕심 없이 사는 것이 삶을 귀하게 여기는 것보다 낳다.

夫唯無以生爲者 是賢於貴生부유무이생위자 시현어귀생

◉ 주해

사람이 먹지 못하면 죽는 것이다. 그런데 먹을 것이 없어서 굶주리는 것을 밥 먹듯이 한다면 그 삶이 얼마나 무섭겠는가?

백성이 이렇게 굶주리는 것은 위정자들이 자신들의 삶을 호화롭게 하기 위해 세금을 마구 거둬들이기 때문이다. 좋게 말해서 세금을 거두는 것이지 사실대로 말하면 가렴주구를 일삼는 강도짓이라고 해야 옳다.

노자는 당시의 가렴주구가 얼마나 심했으면 53장에서 "조정이 몹시 부패하여 농지는 황폐하고, 창고는 텅 비었다. 그런데도 수놓은 비단 옷을 입고, 날카로운 칼을 차고, 맛있는 음식을 물리도록 먹고, 쓰고 남을 만한 재물을 수탈했다. 이것이 바로 도둑의 우두머리라는 것이다."라고 비평했다.

백성이 이렇게 굶주림에 지치게 되면 차라리 죽는 것이 낫다고 생각하게 된다. 죽음도 두렵지 않은 마당에 위정자의 인위적 제도와 법령은 무섭지 않게 된다.

게다가 위정자가 사리사욕에 빠져 호화스러움을 뽐내므로 백성은 이를 보고 욕심을 갖게 된다.

백성은 순박한 본성을 잃고 악독해지며, 탐욕을 위해 간교한 지혜만 늘어간다. 그러므로 백성을 다스리기 어려워지는 것이다.

노자는 57장에서 "세상에 금지하는 명령이 많으면 백성은 더욱 가난해지고, 백성에게 날카로운 기물이 많으면 나라는 더욱 혼란해지고, 사람들의 재주가 많아지면 기이한 물건이 더욱 늘어나고, 법령이 밝아질수록 도둑은 더욱 많아진다. 그래서 성인이 다음과 같이 말했다. 내가 무위하면 백성은 저절로 교화되고, 내가 고요함을 좋아하면 백성은 저절로 바르게 되고, 내가 번거로움을 만들지 않으면 백성은 저절로 부유해지고, 내가 욕심을 내지 않으면 백성은 스스로 순박해진다."고 했다.

## 제76장 인지생人之生

### 강한 것은 부러지기 쉽다

**◉원문번역**

사람이 살아 있으면 몸이 부드럽지만,

人之生也柔弱인지생야유약

죽으면 뻣뻣해진다.

其死也堅强기사야견강

풀과 나무도 살아 있으면 부드럽고 연하지만,

草木之生也柔脆초목지생야유취

죽으면 말라서 딱딱해진다.

其死也枯槁기사야고고

그러므로 굳고 강한 것은 죽은 부류에 속하고,

故堅强者死之徒고견강자사지도

부드럽고 약한 것은 살아 있는 부류에 속한다.

柔弱者生之徒유약자생지도

이런 이치로 보면 군대를 운용하는 데 강함이 드러나면 패망하고,

是以兵强則滅시이병강즉멸

나무도 강하면 부러진다.

木强則折목강즉절

강하고 큰 것은 오히려 낮은 자리에 있고,

强大處下강대처하

부드럽고 약한 것은 오히려 위를 차지한다.

柔弱處上유약처상

◉ 주해

이 장의 요지는 부드럽고 연약한 것과 굳고 강한 것을 비교하면 유약한 것은 살아 있는 것이고, 견강한 것은 죽은 것이라는 말이다.

이런 이치로 보면 군대를 운용하는 데 있어서 부드러움을 버리고 오직 강함만 강조한다면 결국은 적과의 싸움에서 무너지고 만다.

이런 경우는 비단 전쟁 뿐 아니라 세상만사가 다 그러하다고 말하는 것이다.

그래서 강하고 큰 것일수록 결국에 유약한 것에 패하여 낮은 곳으로 추락하고, 유약한 것은 강대한 것을 이기고 우뚝 설 수 있다.

노자는 유약한 것이 살아 있는 무리이며, 강한 것을 이긴다는 말을 누차 강조한다.

36장에서는 "부드럽고 약한 것이 강한 것을 이긴다."고 했고, 43장에서는 "세상에서 가장 부드러운 것이 가장 강한 것을 부린다."고 했으며, 78장에서는 "세상에 물보다 부드럽고 약한 것은 없지만, 굳고 강한 것을 치는 데는 물을 이길 수 있는 것은 없다."고 한다.

강과 유의 개념은 『주역』의 양효陽爻와 음효陰爻의 성질을 표현하는 것이다. 『주역』은 양효는 강하고, 음효는 부드러운 것으로 본다. 앞에서도 여러 차례 이야기 한 바와 같이 『주역』에서는 강한 것을 높이 치고, 유약한 것을 낮게 보고 있다. 하지만 노자는 유약한 것을 더욱 귀하게 평가하고 있다.

이것은 노자가 『주역』의 곤坤괘의 덕을 중시한다는 점을 보여주는 것이다.

## 제77장 천지도天之道

**가난한 백성의 것으로 위정자를 받들어야 하겠나?**

**◉원문번역**

자연의 규율은 마치 활시위를 매는 것과 같다.
天之道 其猶張弓與천지도 기유장궁여

활시위가 높으면 그것을 아래로 누르고,
高者抑之고자억지

활시위가 낮으면 그것을 위로 올리고,
下者擧之하자거지

남는 것을 덜고,
有餘者損之유여자손지

부족한 것은 보탠다.
不足者補之부족자보지

자연의 규율은 남는 것을 덜어서 부족한 것을 보탠다.
天之道 損有餘而補不足천지도 손유여이보부족

사람의 행위는 그렇지 않다.
人之道 則不然인지도 즉불연

오히려 부족한 것을 빼앗아 넘치는 사람을 받든다.
損不足以奉有餘손부족이봉유여

누가 남는 것으로 천하의 부족한 것을 받들 수 있겠는가?
孰能有餘以奉天下숙능유여이봉천하

오직 도를 지닌 사람만이 할 수 있다.

**唯有道者**유유도자

이 때문에 도를 지닌 성인은 만물을 낳아서 기르지만 자랑하지 않고,

**是以聖人爲而不恃**시이성인위이불시

공을 이루고도 그 자리에 머물지 않는다.

**功成而不處**공성이불처

그것은 자신의 현명함을 드러내려고 하지 않기 때문이다.

**其不欲見賢**기불욕현현

**◉ 주해**

이 장의 내용은 우선 『주역』의 하늘(天)·땅(地)·사람(人)을 하나로 보는 이른바 천지인 삼위 일체관과 동일하다.

『주역』 겸謙괘 「단전」은 "하늘의 도는 가득 찬 것을 이지러지게 하고, 겸손한 것을 더해주며, 땅의 도는 가득 찬 것을 변하게 하여 겸손한 곳으로 흐르게 하며, 귀신의 도는 가득 찬 것을 해치고, 겸손한 것에 복을 주며, 사람의 도는 가득 찬 것을 싫어하고 겸손한 것을 좋아한다."[72]고 한다.

다음은 『주역』의 하늘의 도를 밝히고, 사람의 일은 천도를 준칙으로 삼는다는 것이다. 이것은 이른바 '추천도명인사推天道明人事'라고 하는데, 『주역』과 『도덕경』은 같은 방식을 취하고 있다.

이 장에서도 자연의 규율을 먼저 내세운 다음 사람의 일을 이야기

---

72 『주역』 겸謙괘 「단전」, "天道虧盈而益謙 地道變盈而流謙 鬼神害盈而福謙 人道惡盈而好謙"

하고 있다.

또 손과 익의 개념은 『주역』의 41번째 손損괘와 42번째 익益괘와 부합하고 있다.

노자는 자연의 규율과 사람의 일을 대비하여 말하고 있다.

자연규율은 활시위를 매는 것과 같이 공평무사한데 반해 사람의 일은 모자라는 것을 덜어서 남는 것을 보탠다.

그래서 노자는 위정자는 자연무위의 도를 본받아 백성을 공평무사하게 아껴야 한다고 말하고 있는 것이다.

## 제78장 천하유약天下柔弱

**물이 바위를 뚫는 것은 욕된 것을 견디는 힘 때문이다**

**◉원문번역**

세상에 물보다 부드럽고 약한 것은 없지만,

天下莫柔弱於水천하막유약어수

굳고 강한 것을 공격하는 데는 물을 이길 수 있는 것은 없다.

而攻堅强者莫之能勝이공견강자막지능승

그것은 어떤 것도 물을 대체할 수 있는 것이 없기 때문이다.

以其無以易之이기무이역지

약한 것이 강한 것을 이기고,

弱之勝强약지승강

부드러운 것이 굳센 것을 이긴다.

柔之勝剛유지승강

세상에 이것을 모르는 사람이 없지만 실행하는 사람은 없다.

天下莫不知 莫能行천하막부지 막능행

이 때문에 도를 지닌 성인이 다음과 같이 말했다.

是以聖人云시이성인운

"나라의 욕된 일을 감당해야 나라의 군주라 부르기에 어울리고,

受國之垢 是以社稷主수국지구 시이사직주

나라의 상서롭지 못함을 감당해야 천하의 왕이라고 한다.

受國不祥 是爲天下王수국불상 시위천하왕

성인의 이 말이 바른 말인데도 마치 거꾸로 하는 말과 같다.

正言若反정언약반

◉ 주해

노자는 부드럽고 약하여 낮은 곳에 머물면서 더럽고, 욕된 모든 것을 받아들이는 물을 도의 모습에 항상 비유한다.

28장에서는 "수컷의 강함을 알면서 암컷의 부드러움을 지키면, 천하의 계곡이 될 수 있다. 천하의 계곡이 되면 항상 덕이 떠나지 않아서 갓난아이의 상태로 돌아갈 수 있다."라고 하며, 43장에서는 "세상에서 가장 부드러운 것이 가장 강한 것을 부린다. 형체가 없는 것은 빈틈이 없는 것을 뚫고 들어간다. 이런 이치로 나는 인위적으로 하지 않는 '무위'의 유익함을 안다."고 물의 특성을 들어 말하고 있다.

노자는 물이 부드럽고 연약해보이나 그 속에는 만물을 이롭게 하는 강한 힘이 있지만 오히려 겸손하게 낮은 곳에 처하며, 욕심을 내지 않고 다투지 않기 때문에 천하를 포용할 수 있다고 본다.

이것은 분명하고 쉬운 이치여서 사람들이 알기 쉽지만 실행에 옮기지 않는다.

그 이유는 더럽고 욕된 것을 싫어하고, 오히려 남의 것을 빼앗아 자신만 소유하려는 욕망에서 비롯된다는 것을 노자는 강조하고 있다.

# 제79장 화대원和大怨

### 자연의 규율은 항상 선량한 사람의 편이다

### ◉ 원문번역

큰 원한을 풀어주더라도 남겨진 원한이 있게 마련이다.

和大怨 必有餘怨화대원 필유여원

그러니 이것이 어찌 적당한 방법이 될 수 있겠는가?

安可以爲善안가이위선

이런 이유로 성인은 채권증서를 가지고서도 채무자에게 독촉하지 않는다.

是以聖人執左契 而不責於人시이성인집좌계 이불책어인

덕이 있는 사람은 차용증서를 가지고 있는 사람처럼 관대하고,

有德司契유덕사계

덕이 없는 사람은 세금을 거두는 사람처럼 가혹하게 한다.

無德司徹무덕사철

자연의 규율은 사사롭게 편애하는 일이 없어서 항상 선량한 사람의 편에 있다.

天道無親 常與善人천도무친 상여선인

### ◉ 주해

좌계左契에서 '계契'는 계약문서로 현재의 계약문서와 비슷하다. 고대에는 나무에 새긴 계를 만들어서 좌우로 나누고, 그것을 채무자와

채권자가 하나씩 보관하고 있다가 후에 합쳐서 증거물로 삼았다. 좌계는 채무자가 작성하여 채권자에게 준 것으로 오늘날의 차용증 부본과 같다. 따라서 좌계를 가지고 있는 사람은 채권자가 된다.

이 장에서는 위정자가 백성에게 원망을 쌓아서는 안 된다는 것을 강조하고 있다.

백성을 세금으로 착취하고 형벌로 억압하는 일은 모두 백성에게 원망을 사는 일이다.

자연무위의 도로써 하는 정치는 백성이 각자의 타고난 대로 살도록 돕되, 번거롭게 하거나 착취하지 않는 것이다. 이렇게 덕치를 펴는 것이 마치 채권자가 차용증을 가지고 있지만 채무자에게 빚을 독촉하지 않는 것과 같다고 비유한 것이다.

자연의 규율은 사사롭게 편애하는 일이 없어서 언제나 자연의 도를 따라서 선한 정치를 하는 사람을 도와준다. 그러므로 백성에게 세금을 가혹하게 거둬들이는 등 폭정을 일삼는 위정자는 오래 갈 수 없다.

특히 천지자연은 무도한 위정자가 잘 못하는 일은 빠짐없이 들여다보고 있어 절대로 피해갈 수 없다. 그래서 73장에서는 "자연의 범위는 넓고 넓어서 성긴듯해도 조금도 빠뜨리는 일이 없다."고 말하고 있다.

# 제80장 소국과민小國寡民

## 무릉도원은 만족할 줄 아는 데에 있다

**◉원문번역**

나라가 매우 작고, 백성도 매우 적다.

小國寡民소국과민

많은 인공의 도구가 있어도 사용할 일이 없게 하고,

使有什伯人之器 而不用사유십백인지기 이불용

백성이 죽음을 중하게 생각하여 멀리 옮겨 가지 않도록 한다.

使民重死 而不遠徙사민중사 이불원사

비록 배와 수레가 있어도 타고 갈 일이 없고,

雖有舟輿 無所乘之수유주여 무소승지

비록 갑옷과 무기가 있어도 진열할 기회가 없다.

雖有甲兵 無所陳之수유갑병 무소진지

백성들로 하여금 노끈을 매어 사실을 기록하는 상태로 돌아가도록 한다.

使民復結繩而用之사민복결승이용지

백성들은 음식을 달게 먹고,

甘其食감기식

의복을 아름다워 하고,

美其服미기복

거처를 편안해 하며,

安其居안기거

풍속을 즐긴다.

樂其俗락기속

이웃 나라는 서로 바라보이고,

鄰國相望인국상망

닭 울고 개 짖는 소리가 서로 들려도,

鷄犬之聲相聞계견지성상문

백성들이 태어나서 죽을 때가지 서로 왕래하지 않는다.

民至老死 不相往來민지노사 불상왕래

◉ 주해

노자가 꿈꾸던 이상향을 그린 것이다.

노자 시대는 제후국들의 패권다툼으로 전쟁이 끊이지 않고, 그 와중에 백성들은 헐벗고 굶주리다 죽어갔다. 문명의 발전으로 농기구와 생활에 필요한 도구는 물론 살상 무기도 마구 쏟아졌다.

이런 문명의 이기는 본래 원시부족사회를 점차 통합하여 커다란 국가를 형성했다. 나라가 커지고 백성이 많아질수록 위정자의 욕심은 끝없이 커지고, 백성들의 안정되고 평안한 생활은 무너졌다.

노자는 당시 이런 사회 현실에서 벗어나 사람이 사람답게 사는 세상이 되기 위해서는 자연무위의 도를 본받아야 함을 역설했다.

이웃 나라가 서로 바라보여서 닭 우는 소리와 개 짖는 소리가 다 들리는 세상은 씨족공동체 내지는 부족공동체로서 농사를 지으며 오순도순 사는 세상일 것이다.

이런 작은 세상에서는 사회의 질서를 강제로 유지할 필요가 없고, 오직 각자의 순진하고 선량한 본능에 따라 편안하고 무사할 뿐이다.

물론 전쟁의 재앙도 없으며, 호랑이보다 무서운 세금도 없다. 폭정의 억압과 폭력도 없다.

그렇다고 노자가 무정부 내지는 원시부족사회로 복귀를 주장하는 것은 아니다. 노자는 그동안 나라와 정치가 있는 것을 전제했고, 위정자가 자연무위의 도로 다스릴 것을 강력히 요구한 것을 보면 정치체제를 되돌리자는 것은 분명히 아니다.

노자가 여기서 주장하는 요지는 자연무위의 도를 본받아 다스리는 정치가 돼야 한다는 것이다. 그런 정치는 백성의 마음을 맑게 하고, 생활이 편안하고 배부르게 하며, 마음이 유연하되 견실하게 하고, 몸과 정신을 건강하게 한다.

그러므로 사람들은 초조하게 걱정하고 불안해할 필요가 없으며, 공포와 실패의 두려움도 없다.

# 제81장 신언불미信言不美

## 신의가 있는 말은 어눌하다

**◉원문번역**

신의가 있는 말은 좋게 들리지 않고,
信言不美신언불미

좋게 들리는 말은 진실하지가 않다.
美言不信미언불신

선량한 사람은 말을 교묘하게 꾸며서 잘 하지 못하고,
善者不辯선자불변

교묘하게 꾸며서 말을 잘 하는 사람은 선량하지 않다.
辯者不善변자불선

깊이 아는 사람은 두루 알지 못하고,
知者不博지자불박

두루 아는 사람은 깊이 알지 못한다.
博者不知박자부지

성인은 쌓아 두지 않고 남을 위하여 쓰지만,
聖人不積 旣以爲人성인부적 기이위인

자신은 오히려 더욱 갖게 되고,
己愈有기유유

가진 것을 남에게 주지만, 자기는 더욱 풍부해진다.
旣以與人 己愈多기이여인 기유다

자연의 규율은 만물을 이롭게 하며 해를 끼치지 않고,
天之道 利而不害천지도 이이불해

성인의 법도는 베풀되 다투지 않는다.
聖人之道 爲而不爭성인지도 위이부쟁

◉ 주해

이 장은 세 단락으로 나눠볼 수 있다.

첫째는 사람의 언행에 관한 것이다. 말을 듣기 좋게 꾸며서 번지르르하게 하는 사람 치고 그 행동이 진실한 경우가 드물다. 요즘도 대개 남을 속여서 이득을 취하는 사기꾼 부류의 사람들은 늘 감언이설로 상대를 유혹한다.

반면에 진실로 성의를 갖고 하는 말은 상대가 듣기 좋으라고 꾸민 말이 아니라서 어눌하거나 거친 면이 있다. 따라서 상대가 듣기에 거북스럽고 나아가서는 아예 듣기 싫다.

공자도 "듣기 좋게 꾸미는 말과 거짓으로 웃는 얼굴을 하는 사람치고 어진 사람이 드물다."[73]고 했다.

둘째는 앎에 관한 것이다.

노자가 말하는 안다는 것은 당시 일반적인 학문을 아는 것을 말하는 것이 아니라, 천지만물의 시작이자 근원이며, 만물이 돌아가는 법칙으로서의 도를 아는 것을 말한다.

따라서 정말로 자연무위의 도를 아는 사람은 인위적인 정치사회제도와 규칙, 예의 등과 관련된 지식을 다양하고 넓게 두루 알지 못한다. 그렇지만 진정한 도를 아는 사람은 천지만물이 돌아가는 이치를 훤하게 꿰고 있다.

73 『논어: 학이편』, "巧言令色 鮮矣仁"

반면에 제도와 예의 등 현실사회와 관련된 지식을 두루 알고 있는 사람은 자연무위의 진정한 도를 알지 못한다.

끝으로 자연은 소유하려는 욕심이 없어서 오직 만물을 낳아서 기르기 위해 모든 것을 베풀어준다. 하지만 그럴수록 자연의 도가 제대로 시행되는 것이기 때문에 이보다 풍족할 수는 없다.

이런 천지자연의 도를 본받는 성인 역시 베풀지만 공을 자랑하고, 머물러서 차지하려고 욕심내지 않기 때문에 다툴 일이 전혀 없다.

노자는 이 장에서도 역시 『주역』의 논법과 마찬가지로 천지자연의 법칙을 말하고, 이를 사람의 일에 준용하여 말하고 있다.

또 자연이나 성인은 자신의 것을 덜어서 베푸는 것에 만족해한다는 내용은 『역전』이 익益괘를 해석하는 데에 영향을 주었다. 익괘 「단전」은 "익은 위를 덜어서 아래에 더해주는 것이니 백성의 기뻐함이 끝이 없다."[74]고 한다.

자연이 만물에 베풀고, 성인이 백성에게 베풀고도 해를 끼치지 않고 다투지 않는 것은 겸손의 극치라고 할 수 있다. 이 부분 또한 『역전』에서 본보기로 삼고 있다. 「계사전」은 "공로가 있으면서도 겸손하니 군자가 마침이 있어 길하다."[75]고 한다.

또 공을 이루고도 다투지 않는다는 것은 노자가 자연무위의 도를 묘사하는 '유약柔弱과 부쟁不爭'이다. 그런데 부드럽고 연약하며, 순종하는 덕은 『주역』 곤坤괘의 덕과 부합한다는 점은 앞서 여러 차례 말한 바와 같다.

---

74 『주역』 익益괘 「단전」, "益 損上益下 民說无疆"

75 「계사전」 상8장, "勞謙 君子有終 吉"

# 참고문헌


『國語』

『論語』

『孟子』

『白虎通義』

『史記』

『尙書』

『呂氏春秋』

『禮記』

『莊子』

『周禮』

『周易』

高正 저, 『諸子百家研究』, 中國社會科學出版社, 2011.

高懷民 저, 『先秦易學史』, 廣西師範大學, 2008.

管東貴 저, 『宗法封建制到皇帝郡縣制的演變』, 中華書局, 2010.

김진희 저, 『알기 쉬운 상수역학』, 보고사, 2013.

______ 저, 『주역 읽기 첫걸음』, 보고사, 2012.

老子 저, 최진석 역, 『노자의 목소리로 듣는 도덕경』, 소나무, 2014.

廖名春 등 저, 심경호 옮김, 『주역철학사』, 예문서원, 2004.

문성재 옮김, 『처음부터 새로 읽는 도덕경』, 책미래, 2014.

박일봉 역저, 『노자도덕경』, 육문사, 1996.

潘雨廷 저, 『易與佛教 易與老莊』, 上海古籍出版社, 2005.

方東美 저, 『原始儒家道家哲學』, 中華書局, 2012.

徐志鈞 저, 『老子帛書校注』, 學林, 2002.

성백효 역주, 『주역전의』, 전통문화연구회, 2003.

楊中有 저, 『道德經-宇宙的大道』, 中國 安徽人民出版社, 2010.

嚴遵 저, 『老子指歸』, 中華書局, 1994.
吳克峰 저, 『易學邏輯』, 中國 人民出版社, 2005.
瓦格納 저, 楊立華 역, 『王弼〈老子注〉研究』, 江蘇人民出版社, 2009.
王葆玹 저, 『黃老與老莊』, 中國人民大學出版社, 2012.
王弼 저, 『老子道德經注校釋』, 中華書局, 2002.
劉季冬 저, 『儒道會通-王弼〈老子注〉之思想建構』, 中國 人民出版社, 2014.
劉固盛 저, 『老莊學文獻及其思想研究』, 2009.
劉笑敢 저, 최진석 역, 『장자철학』, 소나무, 2013.
劉安 찬, 吳廣平·劉文生 역, 『白話淮南子』, 中國 岳麓書社, 1998.
劉學 저, 『先秦諸子思維研究』, 中國 湖南人民出版社, 2009.
陸永品 저, 『老莊新論』, 中國 中央編譯出版社, 2014.
林麗眞 저, 김백희 옮김, 『왕필의 철학』, 청계, 1999.
張其成 主編, 『易學大辭典』, 華夏出版社, 1995.
전동순 지음, 『중국역사산책』, 서경, 2005.
田永勝 저, 『王弼思想與詮釋文本』, 中國 光明日報出版社,2003.
朱伯崑 저, 『周易哲學史』, 中國 昆侖出版社, 2005.
朱曉鵬 저, 『道家哲學精神及其價值境域』, 中國社會科學出版社, 2007.
池田知久 저, 王啓發·曹峰 역, 『道家思想的新研究』, 中國 中州古籍出版社, 2009.
진고응 저, 최재목 박종연 역, 『노자』, 영남대학교출판부, 2008.
陳鼓應 저, 최진석 역, 『노장신론』, 소나무, 2013.
______ 저, 『老子今注今譯』, 中國 商務印書館, 2009.
______ 저, 『道家易學建構』, 中國 商務印書館, 2010.
______ 저, 『易傳與道家思想』, 中國 商務印書館, 2007.
陳榮慶 저, 『荀子與戰國學術思潮』, 中國社會科學出版社, 2012.
河上公 저, 『老子道德經河上公章句』, 中華書局, 2006.
何新 저, 『宇宙之道-老子 新考』, 中國 民主法制出版社, 2008.
黃朴民 撰, 『道德經講解』, 中國 岳麓書社, 2006.

■ 김진희

한문 교육학박사

저서 : 『주역의 근원적 이해』, 보고사, 2010.
『주역 읽기 첫걸음』, 보고사, 2012.
『알기 쉬운 상수역학』, 보고사, 2013.

**주역으로 읽는 도덕경**

2015년 5월 15일 초판 1쇄 펴냄
2018년 3월 30일 초판 2쇄 펴냄

**역저자** 김진희
**펴낸이** 김흥국
**펴낸곳** 도서출판 보고사

**책임편집** 이경민
**표지디자인** 오동준

**등록** 1990년 12월 13일 제6-0429호
**주소** 서울특별시 성북구 보문동7가 11번지 2층
**전화** 922-5120~1(편집), 922-2246(영업)
**팩스** 922-6990
**메일** kanapub3@naver.com
http://www.bogosabooks.co.kr

ISBN 979-11-5516-359-7 03180


정가 15,000원


이 도서의 국립중앙도서관 출판시도서목록(CIP)은 서지정보유통지원시스템 홈페이지(http://seoji.nl.go.kr)와 국가자료공동목록시스템(http://www.nl.go.kr/kolisnet)에서 이용하실 수 있습니다. (CIP제어번호: CIP2015011549)